SOCORRO! TENHO MEDO DE VENCER

SOCORRO! TENHO MEDO DE VENCER

Luiz Almeida Marins Filho, Ph. D.

editora HARBRA

Direção Geral: Julio E. Emöd
Supervisão Editorial: Maria Pia Castiglia
Coordenação Editorial: Marilu Bernardes Sória
Projeto Gráfico e Capa: Paulo de Tarso Simões de Almeida
Ilustrações: Roberto Negreiros
Assistente Editorial: Mônica Roberta Suguiyama
Fotolitos: AM Produções Gráficas
Impressão e Acabamento: Cromoset Gráfica e Editora Ltda.

Rua Joaquim Távora, 629
04015-001 – São Paulo – SP
Promoção e Editorial: Tel. (011) 5084-2482 e 571-1122
Fax: (011) 575-6876
Vendas e Administração: Tel. (011) 549-2244 e 571-0276
Fax: (011) 571-5777

ISBN 85-294-0067-4

Impresso no Brasil *Printed in Brazil*

Dedico este livro à Ana Cristina, esposa, amiga, incentivadora, exemplo de entusiasmo e alegria, que sempre me mostrou o caminho do sucesso na vida familiar, pessoal e profissional.

Dedico também a meus filhos, Aluisio, Túlio e Caio, que nunca faltaram com o incentivo e a compreensão para que meu trabalho fosse mais uma alegria e prazer do que um peso para a família. Filhos que só me dão orgulho e prazer.

Também dedico a meus pais, Luizito e Mariquita (*in memoriam*), pelo que foram capazes de me ensinar – entusiasmo e fé.

E dedico a todos os leitores que buscam vencer o medo de vencer como forma de enfrentar os desafios do mundo contemporâneo.

ÍNDICE

VENCENDO O MEDO DE VENCER

É incrível, mas a verdade é que tenho encontrado pessoas que parecem ter, literalmente, medo de vencer. Fazem tudo para evitar o sucesso. O medo de vencer é uma característica de pessoas que durante a infância e a adolescência foram vítimas de pais – e muitas vezes, professores –, que só sabiam criticá-las acidamente e fazê-las acreditar que o sucesso nunca seria algo a ser experimentado.

Para vencer é preciso, em primeiro lugar, que a pessoa acredite na sua própria capacidade. Acredite que o sucesso também pode estar ao seu alcance. Acredite menos no que os outros pensam e dizem, e mais em si mesma.

Em empresas para as quais presto consultoria, tenho encontrado pessoas que, pelo medo de vencer, fazem tudo em direção oposta ao sucesso. Não participam, não colaboram, não procuram desenvolver a necessária empatia que leva as pessoas a compreenderem os sentimentos alheios.

Vencer o medo de vencer é o primeiro passo para vencer outros medos – como o medo de relacionar-se com pessoas, de falar em público, de discutir temas mais complexos.

Pessoas com extremado sentimento de perfeccionismo também têm medo de vencer. Economizam-se com medo de errar. Não arriscam, porque o arriscar pode trazer o insucesso momentâneo que elas tanto repudiam.

Para vencer, mais do que um Q.I. elevado, é preciso ter equilíbrio emocional. Como diz *Goleman*, a "inteligência emocional" é mais importante para o sucesso do que um elevado Quociente de Inteligência. E esse domínio das emoções passa pela autodisciplina, pela capacidade em ver positivamente os fatos da vida, em relacionar-se bem com as pessoas, em participar de grupos, em administrar seu próprio tempo, estabelecer prioridades e ter uma vida familiar e pessoal sadia e feliz.

Neste livro você encontrará dicas e conselhos para vencer o medo de vencer e atingir o sucesso. Não se trata de um sucesso efêmero de pequenas ações, mas um sucesso duradouro que faz as pessoas terem um autoconceito elevado e enfrentarem os desafios da vida sem medo. São conselhos simples e eficazes. Leia-os em qualquer ordem. Além de lê-los, pratique-os no dia-a-dia. Perca o medo de vencer, vencendo seus próprios obstáculos ao sucesso pessoal e profissional. Você verá que a vida sem medo é mais saudável e alegre. É mais fácil de ser vivida. Você verá que as pessoas também perderão o medo de relacionar-se com você, pois uma pessoa com medo de vencer é uma pessoa insegura e passa essa insegurança em seus relacionamentos. Uma pessoa segura e feliz irradia essa segurança e felicidade e atrai bons relacionamentos. As outras pessoas querem ligar-se a ela, estar próximas dela, conviver com ela, trabalhar com ela.

Boa leitura. Tenho certeza de que ao final deste livro você estará mais seguro e sem medo de vencer.

Julho, 1997

Luis Almeida Marins Filho, Ph. D.

VENCENDO O MEDO DO SUCESSO

Pode parecer absurdo, ou mesmo impossível, mas há pessoas que têm medo do sucesso. Vivem e trabalham achando-se incapazes de vencer, olhando à distância o sucesso alheio, acreditando que não podem alcançá-lo. São pessoas que, ao invés de darem vazão à sua criatividade, acreditarem na sua própria capacidade de vencer, ficam paralisadas diante do sucesso dos outros.

Há alguns dias, tive o prazer de assistir a uma palestra do amigo Marcos Bassi. Ele mesmo se denomina um "açougueiro". E com que orgulho ele diz ser açougueiro! Fiquei pensando no que ele foi capaz de fazer com sua profissão de "açougueiro". Quanto sucesso! Quanta riqueza! Ao mesmo tempo, imaginei os milhares de açougueiros que existem no Brasil e pelo mundo afora que ficaram paralisados no tempo e no espaço, invejando outras profissões, achando-se preteridos pela sorte e classificando-se, com autodesprezo, como pobres açougueiros. Onde estará a diferença? Por que o Bassi tem hoje um nome nacional em carnes? Por que o Bassi conseguiu riqueza na mesma profissão em que outros só encontram pobreza?

A verdade, você descobre conversando com o Marcos Bassi e ouvindo-o falar sobre sua profissão. Ele acredita nele mesmo e no que faz. Ele não teve medo do sucesso. Não ficou pensando ser "apenas" um açougueiro, mas classificou-se, em sua mente, como um grande profissional do manuseio da carne. Daí, passou a estudar, ler, aprender, crescer. E hoje é o sucesso que todos conhecemos.

Ter medo do sucesso é um problema que aflige muitas pessoas. Acham-se incapazes, convencem-se a si mesmas de que não conseguem inovar, inventar, propor.

Gostaria de sugerir que você se auto-analisasse, perguntando:
Tenho medo do sucesso? Convivo bem com minha escolha profissional? Acredito nela? Acredito em mim?

Pense nisso.

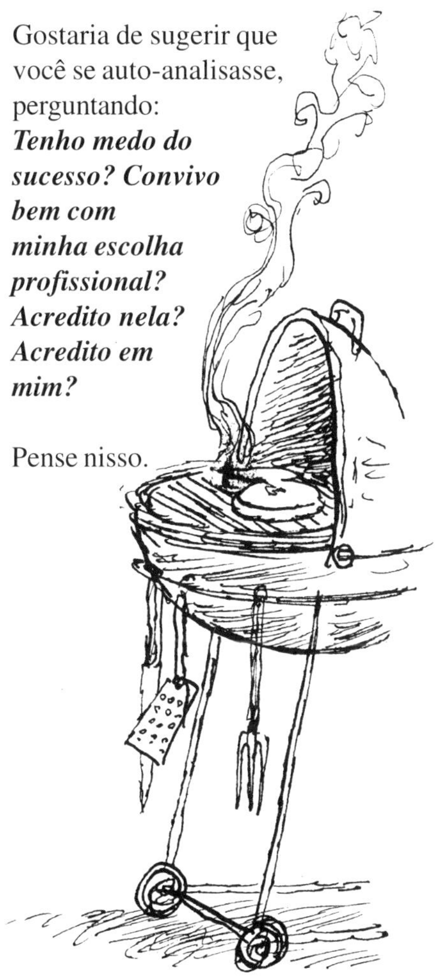

INTELIGÊNCIA E VONTADE

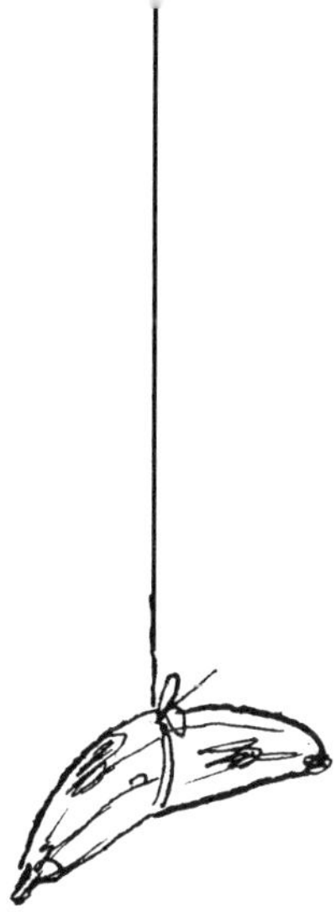

Os filósofos contemporâneos têm dito que, para vencermos num mundo de extremas mudanças como os tempos em que estamos vivendo, mais importante do que o atributo da ***inteligência***, é o atributo da ***vontade***. É preciso que o homem volte a ***querer***. É preciso que o homem moderno desperte, a cada dia, aquela pessoa morta, abúlica, sem vontade, que já desistiu de lutar, que existe dentro de cada um de nós. É preciso voltar a acreditar na própria capacidade de vencer os obstáculos do cotidiano. É preciso voltar a acreditar nas pessoas e mesmo nas instituições aparentemente falidas. Só assim alcançaremos o sucesso. Só assim seremos capazes de vencer o desafio brutal de estarmos vivos nos dias de hoje.

INTELIGÊNCIA E VONTADE

Tenho encontrado empresários, executivos, gerentes, supervisores, pessoas comuns, com um altíssimo grau de desesperança, achando que nada mais tem conserto; que o Brasil não vai para lugar algum; que o plano econômico não vai dar certo; que tudo está muito pior do que há alguns anos; que as pessoas são mais desonestas; que os funcionários não querem mais trabalhar etc. etc. Esse quadro de desânimo é grave e não podemos deixar que ele nos contamine, porque, por certo, contaminará imediatamente as pessoas que convivem conosco, nossos funcionários, colaboradores, fornecedores e clientes. **E o pessimismo, o desentusiasmo, é uma profecia auto-realizável**. É só você começar a achar tudo ruim que tudo fica realmente uma desgraça! E daí ninguém segura mais o seu desânimo. Você não consegue mais trabalhar, acreditar, produzir, entusiasmar as pessoas. É o começo do fim.

A inteligência, já diziam os gregos, os filósofos pré-socráticos, é apenas um farol que ilumina o caminho. A inteligência nos dá a capacidade de ***distinguir e discernir***. É a **vontade** que nos fará caminhar ou não na direção do discernimento apontado pela inteligência.

Começamos muitas coisas e concluímos poucas. Desistimos muito facilmente das coisas. Reclamamos, choramos, temos dó de nós mesmos e ficamos paralisados num círculo vicioso da não-transformação da realidade que temos na realidade que queremos.

Gostaria que você parasse e pensasse um pouco em como está o seu domínio da vontade. Faça para si as seguintes perguntas:
Acredito nas pessoas e nas instituições? Reclamo demais das coisas e das pessoas? Sinto-me cansado demais, tendo vontade de desistir a todo momento? Termino as coisas que começo? Quando erro, tento novamente até acertar? Ou fico paralisado no erro?

Lembre-se: é preciso voltar a querer. É preciso dominar a vontade para que ela não esmoreça num tempo em que é mais fácil não fazer e reclamar, do que lutar e fazer.

Pense nisso.

QUEM TEM MEDO DE PARTICIPAR?

Você já reparou como há pessoas que não participam de nada? Você já prestou atenção como existem pessoas que ficam sempre "de fora", falando mal, "metendo o pau", criticando os que participam, taxando-os de "puxa-sacos" (sic)? Eles ou elas apresentam-se sempre com ares doutos, de quem sabe mais, de quem acha "tudo aquilo uma grande bobagem..." e que "nada vai dar certo...". Por que essas pessoas têm esse comportamento?

Se você prestar bem atenção, verá que são sempre pessoas totalmente "inseguras", fingindo-se de "seguras". São pessoas que querem chamar a atenção dos outros por um comportamento atípico ao grupo – **"...se todos querem participar... eu não!"**. São pessoas – às vezes – com sérios problemas e, tendo consciência disso, não querem expor aos demais suas fraquezas.

Qual é o medo de participar?

É o medo de se deixar conhecer, de que outras pessoas vejam que não têm opinião formada ou as julguem um verdadeiro desastre. Conscientes de sua própria pobreza de espírito, só lhes resta a defesa da não-participação. A tudo criticam. De tudo zombam. São irônicas.

QUEM TEM MEDO DE PARTICIPAR?

No fundo, dariam tudo para ter a coragem de participar, mas são – acima de tudo – covardes. Falam pelas costas, discordam depois de terminada a reunião. Quando alguma coisa sai errada, dizem que "avisaram antes..." e vivem como pobres diabos à margem do mundo, dos grupos, das equipes de trabalho.

Pensando bem, é melhor mesmo que não participem. Pouco teriam a contribuir. Fazem grande "mistério" de sua opinião, que nunca expressam por medo da crítica alheia, e pela própria certeza de sua pobreza interior.

Se você tem alguém assim na sua empresa, no seu departamento, na sua seção, no seu grupo de amigos, livre-se dele!

Essas pessoas querem atenção. O melhor remédio é negar-lhes essa atenção. Simplesmente, deixe-as de lado. Faça sem elas. Faça-as ver que são absolutamente **dispensáveis**.

Nunca caia no erro de ficar implorando para que participem. É isso que elas querem. Lembre-se que são pessoas demasiadamente inseguras e que é mesmo melhor que fiquem de fora de um esquema de sucesso. Deixe, porém, aberta a possibilidade de que, se desejarem, venham a participar, desde que se sintam seguras o suficiente para dividir idéias e opiniões com outras pessoas e aceitar críticas.

NÃO VAI DAR CERTO!

Éramos todos animados. Combinávamos todos os detalhes da operação. Nada poderia dar errado. Já antevíamos o sucesso e antecipadamente comemorávamos. Até que ele apareceu.

Com seu olhar taciturno, com sua voz rouca e cavernosa, as mãos no bolso, como de costume, passos miúdos e silentes, ele chegou, ouviu os relatos com seus ouvidos incrédulos, tirou as mãos do bolso, tomou os planos, leu-os com displicente superioridade e vaticinou: ***NÃO VAI DAR CERTO!***
Foi um balde d'água fria em nossos ânimos confiantes. Perguntamos a ele qual a razão de tanto pessimismo e ele vaticinou novamente como Júpiter: ***VAI CHOVER***.

Ficamos loucos da vida.
Perguntamos como ele poderia saber com tanta antecedência as condições meteorológicas do local do evento. E ele, debaixo de seu astral agourento, pontificou:

QUANDO AS COISAS SÃO PROGRAMADAS PARA SEREM FEITAS AO AR LIVRE, SEMPRE CHOVE NA HORA...

Atônitos, decidimos nos precaver contra as intempéries. Telefonamos para uma empresa de aluguel de coberturas plastificadas e tivemos a garantia de colocação, no local, de uma boa cobertura alaranjada que até daria um aspecto mais refinado ao evento.
O nosso amigo que havia deixado a sala para ir ao banheiro, pois que havia sido acometido de uma pequena intoxicação alimentar por conta de um quarto de leitoa com que um subalterno o havia agraciado, voltou. Contamos a ele sobre a cobertura. Pronto! Estava tudo resolvido. São Pedro não poderia mais nos fazer fracassar.

NÃO VAI DAR CERTO!

E quando esperávamos dele um sorriso, uma aprovação, um gesto de mínimo otimismo, eis que ele nos pergunta: **"QUAL A FIRMA QUE FARÁ A COBERTURA?"**. Ao respondermos, ele emendou: **"...SE VENTAR, CAI TUDO NO MEIO DO EVENTO. EU NÃO FARIA COM ESSA FIRMA..."**. Argumentamos, sôfregos, que era a única empresa na cidade com capacitação para essa tarefa. Um dos membros do grupo afirmou ter participado de um casamento onde uma cobertura similar, pela mesma empresa, teve ótimo desempenho. E o nosso amigo, virando as costas para o grupo, deu um olhar de semi-riso e disse: **"DEPOIS NÃO DIGAM QUE EU NÃO AVISEI"**. E saiu.

O grupo, já contaminado pela dúvida, pela incerteza, teve um momento de profundo silêncio. Afinal, ele poderia ter razão.

E se a cobertura caísse em meio às festividades? Seria um vexame! Um membro do grupo, mais pragmático, tomou o telefone e ligou para o Serviço Nacional de Meteorologia, inquirindo sobre o tempo. Recebeu como resposta uma sonora gargalhada do funcionário que explicou, pacientemente, que não há (pelo menos ainda) como se prever o tempo com 90 dias de antecedência... A obviedade da resposta caiu como *iceberg* no grupo que já começou a imaginar até ferimentos graves e mortes de indefesos infantes em meio a uma violenta tempestade de vento na hora exata do evento. O clima era de completo desalento entre os partícipes do ex-animado grupo. O pessimismo, o mau agouro, a incerteza, a negatividade venceram. A festa foi cancelada. O amigo saiu vitorioso com o seu nihilismo, sua subversão do fazer.

O que me impressiona é o número de pessoas negadoras, que só conseguem ver o beco sem saída do fracasso, da perseguição, da desconfiança, que só conseguem vislumbrar as nuvens negras das tempestades destruidoras no horizonte.

E o mais interessante é que, condicionados por essa carga extremamente negativa, esses infelizes são verdadeiros ímãs que atraem para si toda sorte de desgraças e infortúnios. Só falam em doenças, só pensam nas falências e recessões da economia, e não caminham contra a luz, pois desconfiam da própria sombra. Pessoas assim infundem o medo, a insegurança, o temor pelo fazer. Elas trazem a tristeza, espantam o bom humor, murcham as esperanças e quebram a boa-fé.

O pior, no entanto, é que elas se autodenominam **"realistas"**. E o ainda pior é que têm razão, pois a sua **"realidade"** é realmente sinistra e turbulenta. Nos seus eventos, realmente chove. Nas suas festas, a comida intoxica os convidados.

Perdem uma safra com o excesso de chuva e a seguinte pela seca das caatingas. A vida para essas pessoas é um peso insuportável e por isso cometem o maior dos pecados, que é o crônico mau humor. Espalham a cizânia, semeiam a dissensão e se recolhem à noite, amedrontados com o dia seguinte que, com certeza, trará ainda mais desgraça.

ESCREVA SEUS OBJETIVOS E METAS

Sem dúvida alguma, ainda mais nos dias de hoje, em que os apelos e opções são muito diversos, é preciso que todos tenhamos **objetivos e metas** claros e definidos para tudo o que fazemos. Sem esse necessário "foco", ficaremos à mercê do dia-a-dia, dos acontecimentos do cotidiano e não conseguiremos o que realmente desejamos.

Esses objetivos e metas devem, sempre que possível, ser mensuráveis, funcionais e observáveis, i.e., objetivos e metas que possam ser avaliados dentro de um determinado prazo, quando saberemos se os atingimos ou não.

Assim, as metas devem ser quantificadas e os objetivos podem ser comportamentais e observáveis.

ESCREVA SEUS OBJETIVOS E METAS

Ter objetivos e metas não basta para nos levar ao sucesso. **É preciso escrevê-los.** Ao escrevermos, estaremos nos comprometendo duplamente com eles e teremos um "documento" que nos fará responsáveis pelo que realmente estamos desejando.

Muita gente comete o erro de não escrever seus objetivos pessoais e profissionais. O que acontece é que, depois de algum tempo, ou a memória nos trai, ou fazemos de conta que o que queríamos não era realmente aquilo.

Escrever traz um efeito mágico. Parece que estamos realmente fazendo um documento para nossa vida. É importante colocar sempre prazos, datas, valores – enfim, ser o mais claro e direto possível quando escrevemos nossas metas e objetivos.

Muitas pessoas que conheço, ao escrever seus objetivos e metas, os dividem pelos diversos campos de atuação social: família, profissão, emprego, área financeira etc.

Gostaria que você parasse com o lufa-lufa de sua vida por alguns instantes e escrevesse numa folha de papel seus objetivos e metas pessoais e profissionais. Faça isso num local calmo. Pense bem antes de escrever. Depois de escrever, leia e releia. Modifique o que achar necessário. Guarde esse "documento" para si e releia-o de vez em quando. Você ficará surpreso de ver como as coisas certas começarão a acontecer em direção aos objetivos e metas traçados por você.
Experimente.

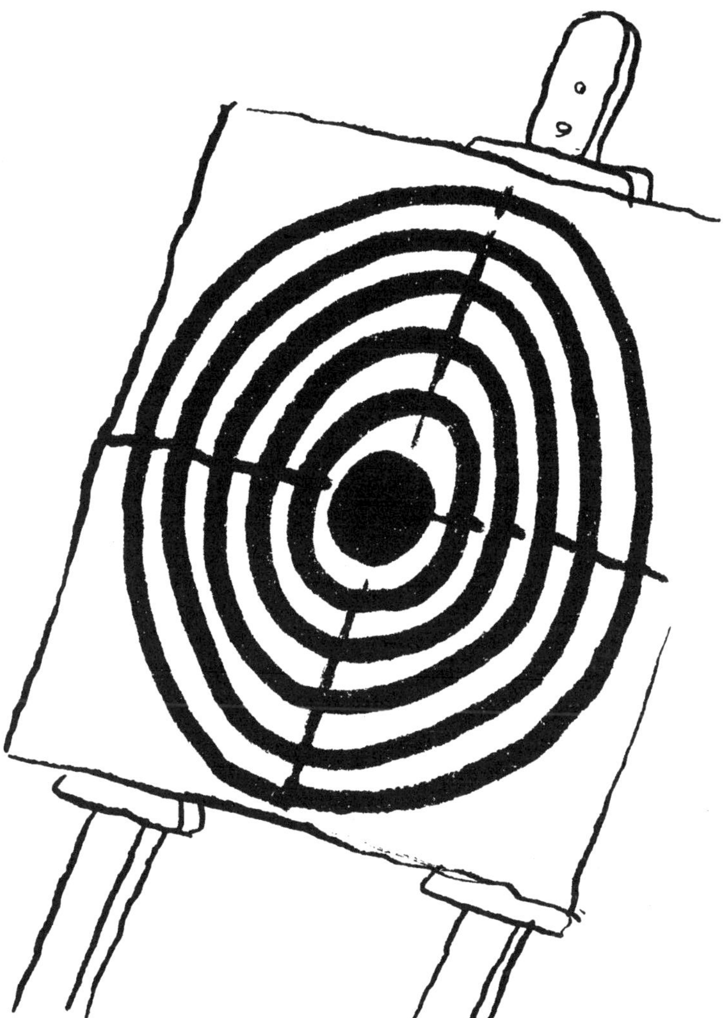

SEM OBJETIVOS BEM-DEFINIDOS, NÃO HÁ AÇÃO EFICAZ

Fizemos uma pesquisa com altos e médios executivos de grandes e médias empresas brasileiras e ficamos atônitos com os resultados: esses executivos não têm claramente definidos os objetivos de sua ação. É claro que sempre há objetivos e metas a serem cumpridas, porém, segundo revelou a pesquisa, eles não são suficientemente explícitos ou bem-definidos a ponto de poder dar um "norte" ou conduzir a ação dos que em torno deles devam trabalhar.

Isso já não parece ocorrer nas pequenas empresas. A empresa pequena, onde todos conversam o tempo todo sobre a razão de sua existência, parece deixar mais "seguros" seus gerentes. Eles sabem, com maior clareza e foco, o que devem fazer e principalmente como serão avaliados.

SEM OBJETIVOS BEM-DEFINIDOS, NÃO HÁ AÇÃO EFICAZ

Sem objetivos bem-definidos, não há
como avaliar o desempenho das
pessoas. A avaliação torna-se
extremamente subjetiva e perigosa.

A pesquisa mostrou, também,
que esses gerentes e supervisores,
por falta de definição,
vivem "pisando sobre ovos".
Sem saber se amanhã será
promovida ou despedida,
a pessoa que trabalha sem objetivos
e metas definidas é uma eterna
insegura e infeliz. Vive tensa e
ansiosa no trabalho e – por
conseqüência – sua produtividade
é baixa e suas ações dispersas.

Gostaria de sugerir que você
verificasse se, real e concretamente,
todas as pessoas que trabalham na
sua empresa têm claramente
definidos os seus objetivos e metas.

Verifique se, real e concretamente,
essas pessoas sabem como serão
avaliadas. Se os critérios de
avaliação de seu trabalho são claros
e objetivos, e não totalmente
subjetivos e arbitrários. Se os prazos
são estabelecidos e cumpridos, e se
os que cumprem com sua obrigação
são valorizados e premiados.
Só com objetivos bem-definidos
poderá haver ação eficaz.

EU NÃO SEI

Ele era médico cardiologista de renome. Estava em meio a um festivo grupo, daqueles que se reúnem em qualquer lugar e sem motivo. No grupo, comerciantes ricos, um industrial de pequeno porte, um funcionário público, um político contumaz e um bancário.

O assunto era **"hipertensão arterial e seus riscos"**.
Não deu outra: todos entendiam do assunto mais que o renomado jurado de Hipócrates. O pobre médico, entre pasmado e irritado com tantas asneiras que eram ditas com ares doutos pelos seus companheiros de charla, mal obteve espaço para dizer um **"A"**. E quando ele encontrou a brecha e falou algo da ciência que lhe era afeita, foi logo **"desmentido"** pelo fátuo comerciante que lhe disse: **"Já vi que disso você não entende nada"** e logo mais adiante o industrial emendou: **"Li numa revista, na sala de espera do meu dentista, que não é nada disso..."**.

Não preciso dizer que a conversa terminou com todos discutindo um assunto do qual só um entendia, justo o que foi literalmente proibido de falar. E é sempre assim.

EU NÃO SEI

Tenho participado de rodinhas as mais incríveis em que os assuntos são dogmaticamente colocados com a firmeza, a segurança e o tom diretamente proporcionais à ignorância dos participantes.
E o mais interessante é que essas pessoas ainda concluem as suas doutrinações com a frase: **"Sei tudo isso porque leio muito. Leio quatro livros por semana..."**.
O que tem de gente que lê quatro livros por semana em nossa terra, não é brincadeira! E não são desocupados. São homens e mulheres da lide. Quando pergunto como conseguem e a que horas lêem tanto, respondem que lêem à noite, pois odeiam novelas. Mas se passo a comentar os capítulos da novela, essas pessoas estão a par de todos os detalhes.

É por tudo isso que a maioria das conversas e reuniões sociais são tão chatas. Todo o mundo fala, sempre de forma dogmática e emocional, das coisas de que não entende e que, de fato, não tem nenhuma obrigação de entender. Quem entende do assunto em pauta desiste de falar, concorda **"democraticamente"** com a *troupe* ignara e o assunto acaba.
Como seria bom se pudéssemos ouvir o comerciante falar de seu comércio, o advogado de suas causas, o médico de sua ciência, o artista de sua arte, perguntando, discutindo, crescendo, aprendendo, fazendo ilações, criando analogias.

A maior virtude do homem é saber dizer **"EU NÃO SEI"** ou **"EU NÃO ENTENDI"** e perguntar, e querer saber. Convivemos há anos com uma pessoa e não sabemos sequer o que ela faz, como faz, por que faz.

Quantas vezes julgamos, prejulgamos, opinamos sem saber, sem conhecer, sem perguntar.

Parece que temos uma terrível vergonha de não saber de tudo, de não entender de tudo, de não ser doutor em tudo. E aí caímos no ridículo de doutrinar unicamente pela intuição.

E não me julguem os leitores um neopositivista que acha que uma pessoa não deve nem sequer pensar sobre aquilo que não entende. Pelo contrário, sou adepto do discutir, do perguntar, do debater, do rebater, do perquirir, do cismar, para ***compreender melhor*** determinado assunto. Porém, não é simplesmente pelo fato de ter conhecido um pouco mais de determinado tema, que posso pontificar sobre ele em outros grupos. Essa **"cultura de almanaque"** e do **"Você sabia?"** não leva ao conhecimento do espírito crítico, tão necessário em nossos dias e para nossas relações sociais.

É ótimo que se discuta, mas é preciso ter-se a humildade de ouvir, de aprender, de perguntar, de se ilustrar. Como diz o antigo provérbio: **"Bom saber é calar e perguntar, até ser tempo de falar"**.

ERRAR É HUMANO: NÃO SEJA PERFECCIONISTA

Um dos maiores fatores impeditivos do sucesso é o ***perfeccionismo***. Pessoas perfeccionistas não conseguem admitir a realidade óbvia e objetiva de que errar é humano e mesmo necessário. Todo o mundo comete erros.

Os perfeccionistas são sofredores e fazem os outros sofrerem, pois além de não se permitirem errar, dificilmente admitem que as outras pessoas errem. Vivem controlando os outros e a si próprios. São pessoas "amarradas", com medo de decidir, com medo de fazer, com medo de arriscar, com medo de assumir maiores responsabilidades. Por isso, ficam paradas na hierarquia. Não crescem. Não se desenvolvem. Têm muito medo de errar...

Não estou advogando a favor dos que são "relapsos" e não se preocupam com o erro. Há uma grande diferença entre o "perfeccionista" e uma pessoa que deseja acertar, faz tudo para isso e acredita na sua própria capacidade de fazer certo.
O perfeccionista é um compulsivo. Não admite o erro. E por causa dessa compulsão em não errar jamais, sente-se paralisado e somatiza esse comportamento, ficando literalmente doente.

Perfeccionistas não admitem a crítica. Receber uma crítica ou um comentário que não seja um elogio, é para eles a morte. Daí ser muito difícil trabalhar com perfeccionistas. Ser chefe ou colega de trabalho de um perfeccionista é um exercício de paciência enorme. Tudo pode melindrar sua compulsão por não admitir o erro.

Se você, leitor, por acaso é perfeccionista ou tem tendências ao perfeccionismo, procure enfrentar, de vez, esse problema. Lembre-se de que não é possível acertar 100% das vezes. Lembre-se de que a crítica de alguém ao que fazemos pode ser uma excelente oportunidade para que cresçamos e nos desenvolvamos.

Lembre-se de que, no mundo profissional de hoje, é preciso que tenhamos a coragem de fazer, de agir, de tentar e de empreender. E se não estivermos preparados para errar, correremos o risco de nunca sermos notados – nem pelos nossos constantes acertos...

SENSIBILIDADE E CONVICÇÃO

Ninguém no mundo é uma linha reta, todo dia igual, pensando da mesma forma, agindo da mesma maneira. O ser humano é um ser sensível. Uma hora está eufórico, por alguma notícia que recebeu e o agradou. Noutro momento, está deprimido por qualquer outra razão. Essa linha é chamada por alguns filósofos de **"Linha da Sensibilidade".** Ela pode ser representada assim:

Linha da Sensibilidade

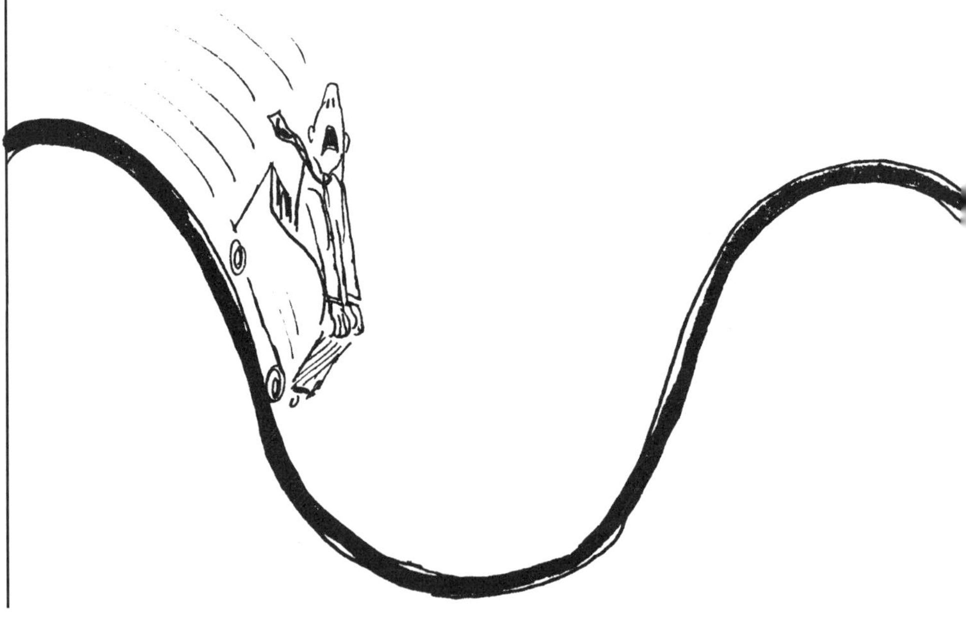

Porém, não podemos viver "dominados" pela linha da sensibilidade. **Pessoas dominadas pela linha da sensibilidade são aquelas pessoas com as quais às vezes somos obrigados a conviver e que estão diferentes a cada dia, dominadas exclusivamente pelo seu humor. "Não fale com ele hoje. Está uma fera! Lustrou a 'ferradura' e veio trabalhar!"** diz a secretária sobre seu chefe, num desses dias. Ele está *down* (ou pra baixo), como se diz na gíria. Está literalmente insuportável...

É preciso ter-se uma **Linha de Convicção** que **"equilibre"** a linha da sensibilidade, **dada pela vontade, pelo querer**.

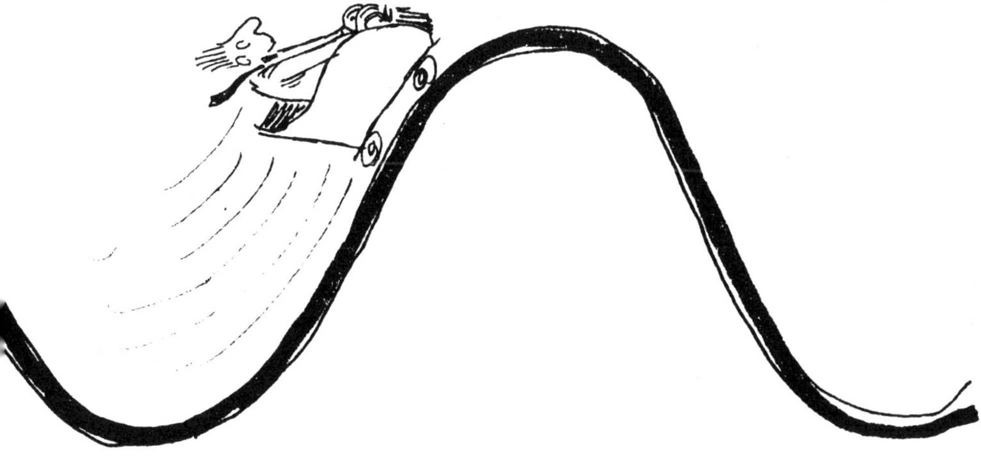

SENSIBILIDADE E CONVICÇÃO

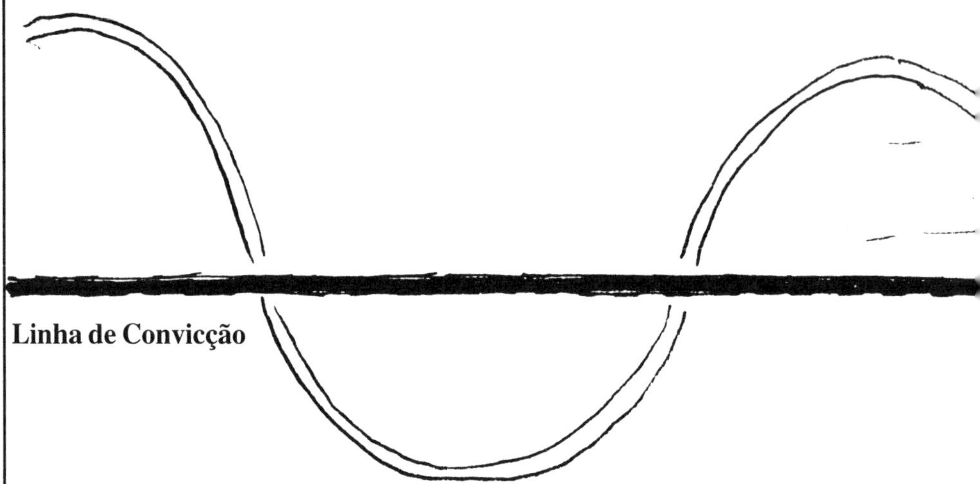

Assim, embora a minha **sensibilidade** esteja baixa, a minha **convicção** me fará agir equilibradamente. Funcionários, supervisores, chefes, gerentes, diretores, dominados pela linha da sensibilidade fazem a vida na empresa transformar-se num verdadeiro inferno. Da mesma forma são os amigos, maridos, esposas, pais, dominados somente pelo humor.

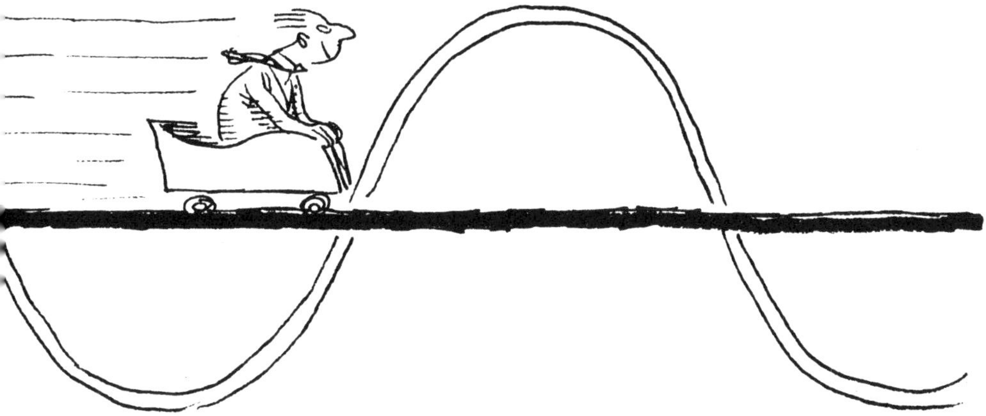

Gostaria que você fizesse um exame de consciência e verificasse se você não anda apenas dominado pela linha da sensibilidade.
Onde está a sua convicção que deve fazer de você uma pessoa realmente equilibrada, que age e responde com firmeza, segurança e principalmente equilíbrio, quando as situações de humor e sensibilidade estão adversas?

Pense nisso. Equilibre a sua sensibilidade com a convicção que só a vontade é capaz de lhe devolver.

A INTUIÇÃO

Nada tem sido tão valorizado hoje em dia, como a intuição. Há livros, artigos em revistas de administração e gestão empresarial que falam da intuição como um dos mais importantes fatores de sucesso no mundo empresarial moderno.

E isso é fácil de explicar. Num mundo em que a maior característica é a mudança rápida, as pessoas, para decidirem, não podem mais se valer apenas de dados que "comprovem" antecipadamente o acerto da decisão. Na maioria das vezes estes dados não existem. A experiência já não nos ensina muito mais. É preciso "criar". É preciso "inovar". Criatividade e inovação têm muito a ver com a intuição.

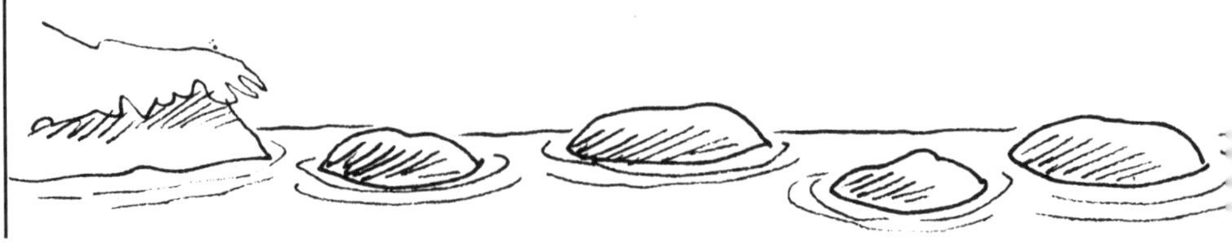

É preciso, hoje, confiar mais na intuição para obter sucesso. Segundo a filosofia, a intuição é a *contemplação pela qual se atinge em toda a sua plenitude uma verdade de ordem diversa daquela que se atinge por meio da razão ou do conhecimento discursivo ou analítico.* Trocando em miúdos, é um "pressentimento" que temos de que devemos fazer ou deixar de fazer alguma coisa. Esse pressentimento é que merece toda nossa confiança. Uma grande obra é sempre, aos olhos do mundo, uma imprudência, e os "imprudentes" são, na maioria das vezes, vencedores que confiaram na sua intuição. Num mundo como o nosso, onde o maior risco que existe é não se correr riscos, a intuição tem um papel preponderante que merece ser repensado.

Gostaria de sugerir que você pensasse nisso.
Quantas idéias boas já vieram à sua cabeça e você as desprezou? Quantas coisas você "intuiu" e não fez, e depois viu que teria sido um sucesso? Ou quanta coisa você intuiu que seria uma "fria" e acabou sendo mesmo uma grande gelada?

As empresas modernas estão fazendo exercícios com seus executivos principais e mesmo funcionários operacionais, que visam "descobrir" as intuições que eles têm a respeito do futuro do mercado, do futuro da empresa, do desenvolvimento de novos produtos, de formas criativas de atendimento ao cliente etc.

Confie mais na sua intuição e você verá como ela acerta.

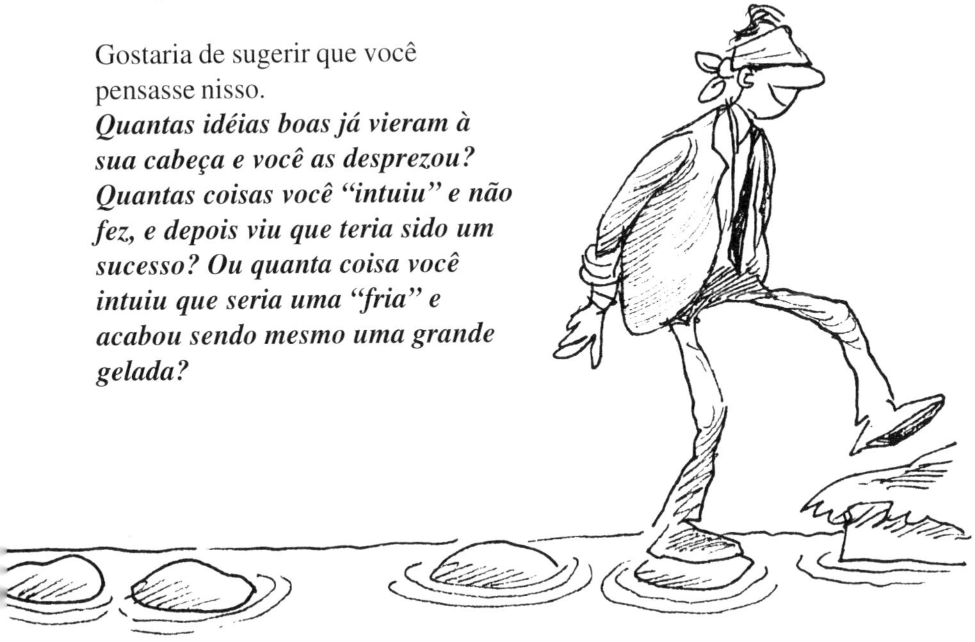

BOA INTENÇÃO NÃO BASTA. É PRECISO NÃO PERDER A SENSIBILIDADE

Não acredito que haja pessoas **"mal-intencionadas"**. Assim como não acredito que haja empresas "mal-intencionadas". O que falta é **"sensibilidade"**.

Há pessoas que se acham caridosas, atenciosas, e que acreditam ser "muito boas". Porém, no dia-a-dia, no contato real com as pessoas, se mostram completamente diferentes: desatenciosas, brutas, arrogantes etc.

Há empresas que são tidas como excelentes, atenciosas, "com bons serviços ao cliente", "acessíveis a reclamações" etc. na opinião de seus próprios presidentes, diretores e gerentes. Porém, quando um cliente entra em contato direto com essas empresas, descobre uma total desatenção, e até desrespeito e má qualidade dos produtos e serviços.

BOA INTENÇÃO NÃO BASTA. É PRECISO NÃO PERDER A SENSIBILIDADE

O que estará errado? Será que as pessoas são falsas quando se dizem “boas”? Serão as empresas falsas quando se dizem “da mais alta qualidade”?

A verdade é que existe uma grande distância entre a “intenção” de sermos bons, competentes, atenciosos e a realidade. Existe uma grande distância entre a empresa que tem “sincera intenção” de ter qualidade em produtos e serviços e a que realmente atingiu a qualidade. Embora haja a “intenção” de acertar, **muitas vezes falta a “sensibilidade” para se perceber os próprios erros, as próprias falhas, onde se deve mudar**. Tanto nas pessoas, quanto nas empresas.

Não basta ter boa intenção. É preciso exercitar a sensibilidade, a empatia – colocar-se no lugar da outra pessoa, de nossos clientes.
É preciso ver nossa empresa pelos olhos dos clientes.
Para isso, minha recomendação é que você entre na sua empresa por onde os clientes sempre entram. **Vá até o balcão onde os clientes são atendidos. Sente-se nas cadeiras em que os clientes sempre se sentam. Use o banheiro que os clientes usam. Telefone (secretamente) para sua empresa e peça as informações que seus clientes sempre pedem. Analise os seus produtos, sua embalagem, a qualidade interna e externa com olhos de cliente. Tome o café que o cliente toma.** Procure saber o que os clientes, os amigos, a comunidade, a imprensa, realmente pensam de você e da sua empresa. Veja se tudo o que você pensa de você mesmo e da sua empresa são verdades reais ou refletem pura falta de sensibilidade para conhecer a realidade e a verdade.

Cuidado! Boa intenção
não basta.
É preciso não perder a
sensibilidade!

LER, ESTUDAR, APRENDER, CRESCER...

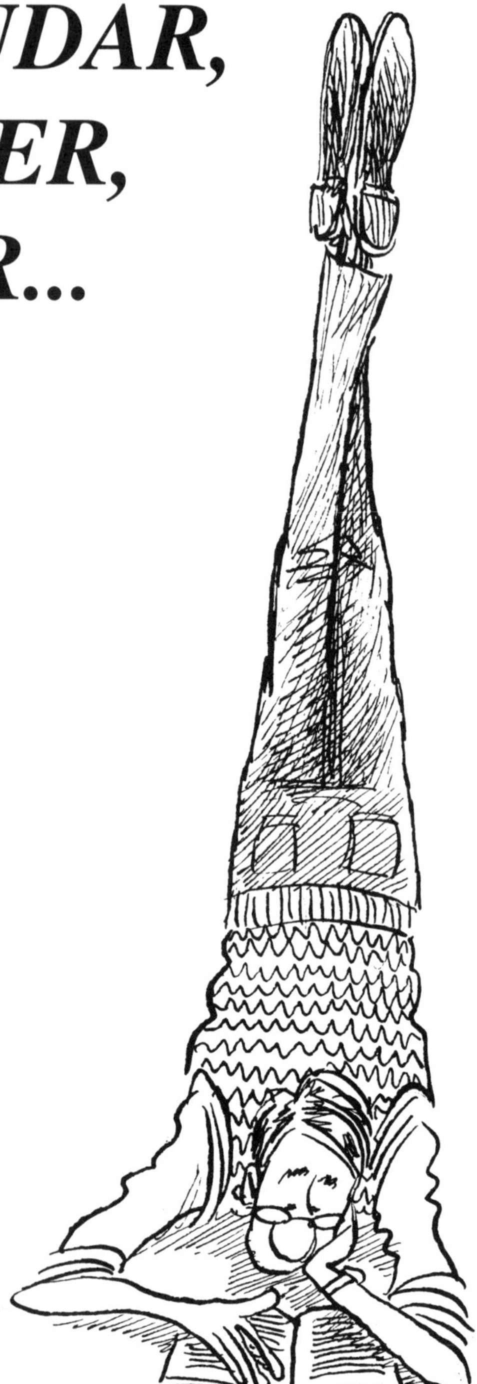

Sei que os leitores deste livro são, quase todos, pessoas ocupadas, com muitos afazeres e, principalmente, com muitas coisas na cabeça.
A lista de coisas a fazer, diariamente, é sempre maior do que o tempo disponível para fazê-las. O mundo corre numa velocidade nunca vista. Não temos tempo para aprender. Dizemos que a própria vida é que nos ensina, e continuamos a viver...

Num mundo agitado como o nosso, é preciso, porém, que todas as pessoas encontrem tempo para ler, para voltar a estudar, para aprender e para, portanto, crescer. É preciso que compreendamos que se não lermos, não estudarmos, não aprenderemos e não cresceremos.
É claro que não estou falando na volta à escola, mas estou, sim, falando em ler os jornais diários, as revistas especializadas de nosso ramo de atividades, os últimos livros sobre gestão empresarial ou mesmo os resumos e notas de livros que nos chegam às mãos. Ler é um hábito.
E um hábito só é formado pelo esforço e pela repetição.
Se não fizermos um esforço para isso, jamais obteremos o hábito de ler. Quanto mais lermos, mais gostaremos de ler, mais compreenderemos o valor da leitura e do estudo. Veremos que daí em diante passaremos a ter mais assuntos em nossas conversas e começaremos a crescer e a obter sucesso mais rapidamente. O mesmo ocorre com a participação em cursos, palestras, seminários etc.

Sei que as tarefas do dia-a-dia nos fazem achar que tudo isso é uma grande besteira. Mas a verdade é que um curso, um seminário, uma palestra, poderão nos abrir novos horizontes, assim como um livro. Além disso, teremos a chance de perguntar, questionar, exercitar a *inteligência* que precisa ser motivada com novos assuntos e interesses para que a vida não caia numa exaustiva rotina.

Gostaria de pedir que você fizesse uma auto-análise e se perguntasse:
Tenho encontrado tempo para ler, ultimamente?
Seleciono o que leio, ou leio somente a página de esportes e/ou moda?
Priorizo aprender? Participo de cursos, palestras, seminários?
Quando vou, presto atenção, pergunto, tento aplicar os conceitos para o meu dia-a-dia?
Sinto-me crescendo a cada dia?
Tenho como meta aprender uma coisa nova a cada dia?

CUIDADO COM O ATIVISMO

O **"ativismo"** é uma doença do século. Significa fazer, fazer, fazer, sem a necessária reflexão para saber se o que se está fazendo é realmente o que deveria ser feito. Vejo muitos executivos, diretores, gerentes, supervisores, chefes e mesmo funcionários e pessoas em geral, que passam seus dias em *grande atividade*; porém, essa atividade é pouco **eficaz ou efetiva**, traz pouco resultado. Quando chegam ao final do dia, têm o cansaço de quem trabalhou demais, mas têm, também, a sensação de que nada ou pouco fizeram de real importância para os seus objetivos pessoais ou objetivos de seu negócio.

A pessoa **"hiperativa"** não tem claras as prioridades de sua frenética ação. Ela não consegue se concentrar no que faz. Não presta atenção às pessoas. O seu trabalho tem **baixa qualidade**. A sua **produtividade** real é quase nula. Essas pessoas, quase sempre, sentem-se injustiçadas, pois acreditam que trabalham muito, até demais. Mas, como sua produtividade é baixa e não têm quase nenhum **"foco"** no que fazem, as demais pessoas não lhes reconhecem mérito algum.

O ser humano precisa de momentos de reflexão. É preciso saber parar para pensar. É preciso pensar sobre seus objetivos, suas metas pessoais e profissionais. É preciso ter método de desenvolvimento intelectual e mesmo espiritual. É preciso dar-se um tempo de concentração e reflexão sobre o que se deseja da vida, do emprego, da família, da vida em sociedade etc. para não cair no perigoso ***ativismo***. São inúmeros os apelos e as tentações que o mundo de hoje oferece ao homem moderno.

Para vencer, para termos sucesso, é preciso que **"tenhamos foco"** e que nos concentremos nas atividades que mais nos levam em direção aos nossos objetivos, claramente definidos. Viver, hoje, é saber optar. Para que possamos optar é preciso que façamos aquilo que só o ser humano é capaz de fazer: **pensar, refletir, decidir, perseverar**. Gostaria que você parasse um pouco para pensar.
Pense na sua vida, em tudo o que você vem fazendo. Seus objetivos pessoais e profissionais. Seus pontos fortes e suas fragilidades, e decida-se a ter "foco" e a deixar de lado o ativismo.

PERGUNTE, QUESTIONE, PENSE, COMPROMETA-SE!

Parece que as pessoas esqueceram-se de usar o seu poder de questionar, cismar, matutar, inquirir, pensar e reagir. Nada é mais perigoso nos dias atuais do que pessoas "mornas", como diz o Apocalipse: *"Os mornos, eu os vomitarei pela boca"*.

Mais vale se sujar um pouco andando do que morrer sentado! É preciso que nos envolvamos mais nas causas. Que participemos mais. Que ousemos mais. Que questionemos mais. Que sejamos mais "guerreiros", no bom sentido da palavra. É preciso que não aceitemos pacificamente as coisas como elas aparentemente são. É preciso que tenhamos um pouco mais de inconformismo com a mediocridade, com as coisas malfeitas, com a desídia, com a baixa qualidade.

É um engano acreditar que funcionários "pacíficos" e "acomodados" correm menos riscos. Corre risco hoje quem não se envolve, quem não participa, quem não opina, quem quer permanecer sempre distante da luta pela conquista do mercado, pela conquista do cliente, pela conquista do que é fundamental para a empresa. Pessoas assim, com baixo comprometimento, são avaliadas como "fracas" e hoje não há mais lugar para os fracos, para os medíocres, para os que não desejam se envolver na luta.

Gostaria que você parasse e pensasse como está o seu envolvimento. ***Você é considerado "quente" ou "morno"? Você tem se envolvido com sua empresa, na luta pela sobrevivência, num mercado cada vez mais competitivo? Você tem participado dos grupos de qualidade e produtividade? Tem dado sugestões, questionado, "brigado"? Você pode ser chamado de alguém realmente comprometido com o sucesso de sua empresa, dos seus clientes? Você é alguém que realmente faz falta?***

COMPROMETER-SE

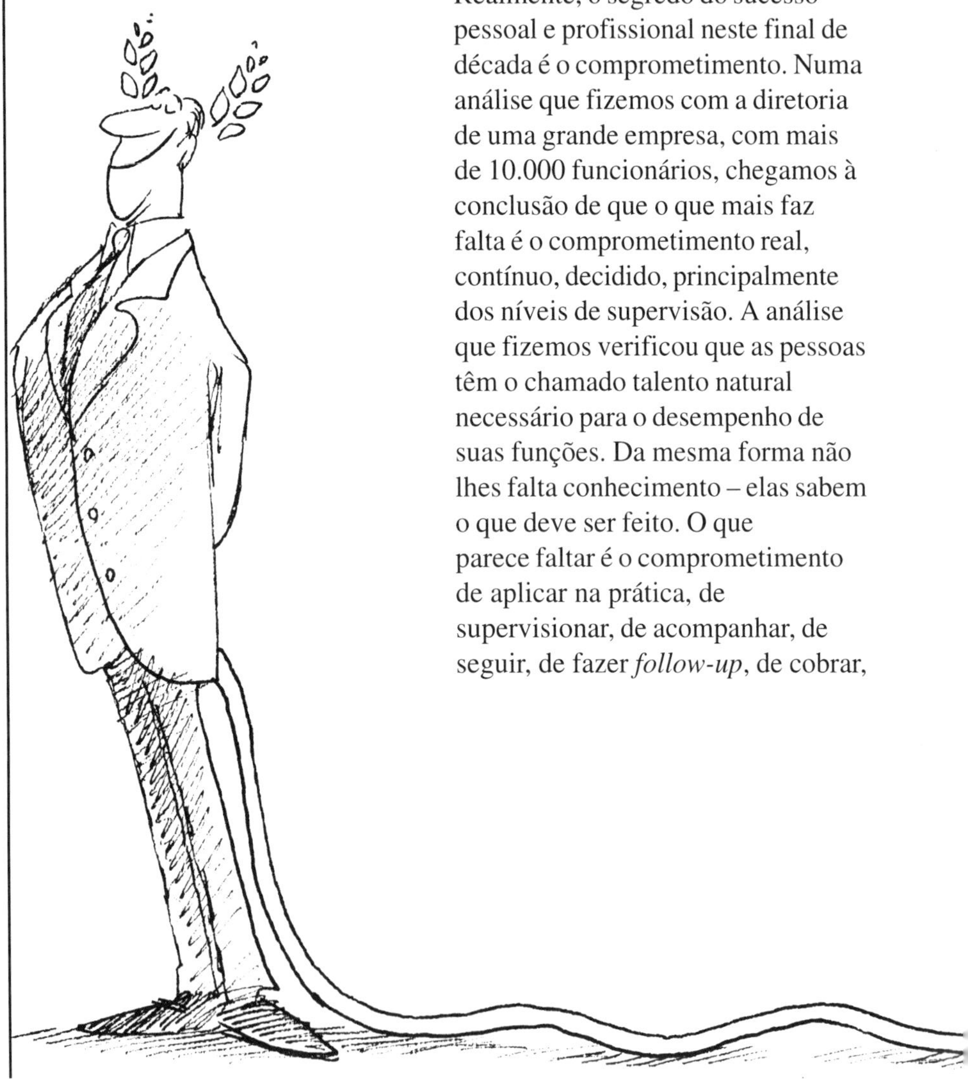

Realmente, o segredo do sucesso pessoal e profissional neste final de década é o comprometimento. Numa análise que fizemos com a diretoria de uma grande empresa, com mais de 10.000 funcionários, chegamos à conclusão de que o que mais faz falta é o comprometimento real, contínuo, decidido, principalmente dos níveis de supervisão. A análise que fizemos verificou que as pessoas têm o chamado talento natural necessário para o desempenho de suas funções. Da mesma forma não lhes falta conhecimento – elas sabem o que deve ser feito. O que parece faltar é o comprometimento de aplicar na prática, de supervisionar, de acompanhar, de seguir, de fazer *follow-up*, de cobrar, de verificar, de insistir, de persistir, de conquistar subordinados, de chamar a atenção, de exigir qualidade, de "comprar" e "vender" a idéia de comprometimento total com o sucesso dos clientes internos e externos da empresa.

Gerentes, supervisores e chefes ficam esperando, aguardando, abúlicos. Esperam não sabem o quê. Na verdade, não se comprometem com os problemas e com sua solução. Não buscam resolver problemas antes que eles se tornem crônicos. Apenas reagem.
E o que todos notamos é que nós mesmos, diretores e participantes dos mais altos escalões da empresa também acabamos nos tornando céticos, pouco comprometidos, reclamões, ao invés de empreendermos alguma ação eficaz para aumentar o comprometimento de nosso pessoal.

Precisamos voltar a nos comprometer totalmente com aquilo que fazemos. Só assim teremos resultados concretos e positivos em nossas ações. Só assim seremos motivados a nos comprometer ainda mais. O baixo comprometimento leva à frustração, é altamente desmotivador. O baixo comprometimento nos faz pessimistas, desistindo facilmente das coisas.

Gostaria que você avaliasse o seu nível de comprometimento com o seu trabalho, com os objetivos e metas de sua empresa, com a missão de sua empresa, com os planos, programas e projetos que ela procura desenvolver. Gostaria que você avaliasse seu comprometimento com seus clientes internos e externos, dentro de uma visão de qualidade.
Você é realmente comprometido com o sucesso de seus clientes? Você é realmente comprometido com sua empresa, em resolver problemas, em encontrar soluções, em propor o melhor caminho, em consertar o que está errado?

AINDA O COMPROMETIMENTO

Somos avaliados pela nossa capacidade em nos comprometer com as coisas que fazemos. Nada é mais impeditivo para o sucesso do que a falta de comprometimento de uma pessoa. E parece que é o que mais temos visto. As pessoas, funcionários e até dirigentes empresariais procuram economizar-se. Procuram não se envolver. Buscam o não-comprometimento com a missão, com a realidade e com o futuro da empresa. E uma empresa composta por pessoas pouco comprometidas com seu mercado, seus clientes, a qualidade de seus produtos e serviços e com a concepção hoje do futuro da empresa, está fadada ao fracasso. Conheço empresas que têm todas as chances de sucesso. Teriam tudo para construir um futuro brilhante e estão morrendo pela falta de real comprometimento de seus funcionários e dirigentes.

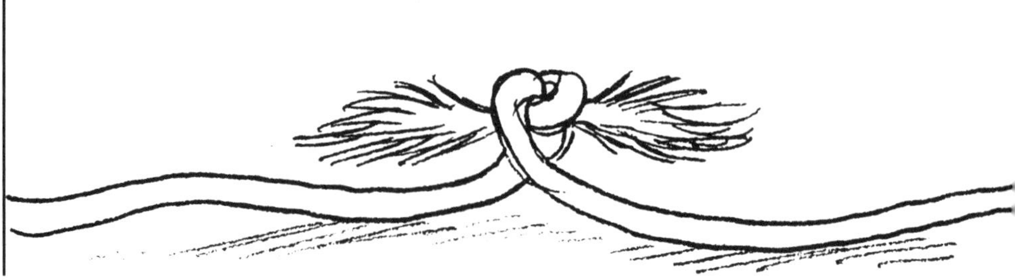

AINDA O COMPROMETIMENTO

A pessoa comprometida é aquela que "não deixa a peteca cair", é aquela que corre riscos para salvar a empresa, tomando decisões rápidas em benefício de seus clientes. Pessoas comprometidas são as que vivem pensando, cismando, questionando o futuro da empresa. Pessoas comprometidas são as que ficam atentas às tendências do mercado para identificar e produzir rapidamente novos produtos, novos conceitos, novas formas de atendimento, novos serviços. E as pessoas comprometidas são as mais realizadas, são as mais felizes. Têm um verdadeiro sentimento de participação e de realização.

Pessoas abúlicas, sem compromisso, que não fazem as coisas com a intenção de fazê-las bem-feitas, são pessoas infelizes, rabugentas, tristes, com todas as características de um fracassado.

Vejo com pesar departamentos brigando entre si, passando tarefa aos outros sem auxiliá-los, sem comprometimento com o sucesso de seus clientes internos e externos. Vejo fornecedores pouco comprometidos com o sucesso de seus clientes. Vejo telefonistas atendendo com pouco caso, com displicência, com mau humor. Vejo chefes que ainda estão no tempo de "mandar" ao invés de "conquistar" e oferecer uma "visão" a seus funcionários. Assisto à falta de consciência do valor do reforço positivo aos pontos fortes de nossas empresas. Isso precisa, urgentemente, ser modificado, se quisermos vencer os desafios da competitividade, da qualidade e da produtividade deste final de século.

É preciso que cada um faça mais aquilo que sabe fazer melhor, e que procure fazer melhor aquilo que não sabe fazer. É preciso que as pessoas dividam o conhecimento, comprometam-se com o crescimento e desenvolvimento profissional de seus subordinados.

Nada hoje é mais essencial do que o comprometimento sério, eficaz e efetivo. Comprometer-se a mudar o que está errado. Comprometer-se a acertar cada vez mais, sem medo de errar. Comprometer-se com o próprio aperfeiçoamento pessoal e profissional. Comprometer-se consigo mesmo e com o outro, enfim, são palavras e atitudes chaves para vencermos. Pense nisso.

A INVEJA

Dos sete pecados capitais, se ousássemos hierarquizá-los, a inveja estaria, por certo, em primeiro lugar. Nada a supera em poder de destruição. Separa amigos de infância, desune vizinhos históricos, espalha parentes e contraparentes, semeia a discórdia nos ambientes de trabalho.

Dizem os pára-choques de caminhões que **“A Inveja Nasce da Incapacidade Própria”**. Mas, nem sempre compreendemos bem os ditos populares e podemos confundir **“capacidade”** com **“capacitação”**.

O que parece faltar aos invejosos é a **“capacidade”** de suportar e conviver com o sucesso alheio. Às vezes somos tentados a pensar que pessoas ricas, bem-sucedidas, empresários famosos, comerciantes, políticos de sucesso e artistas de renome já teriam conseguido ultrapassar esse pecado, pois atingiram bons limites em suas próprias vidas e carreiras. Nada mais enganoso. Parece que quanto mais rico, mais invejoso. Quanto mais famoso, mais inseguro da própria fama. Quanto mais renomado, tanto mais o invejoso mostra suas garras de rapina.

Pessoas que não conseguem elogiar, dar crédito aos trabalhos e idéias alheias; pessoas que vivem concentradas no sucesso alheio, seja ele material ou não, são entidades humanas pobres e permanentemente infelizes. O sucesso alheio sempre é visto como um doloroso arrancar de pedaços da sua própria carne. Cada vez que alguém sobe, o invejoso se vê em descenso.

A INVEJA

E os invejosos são, acima de tudo, covardes. Falam mal das pessoas em sua ausência, soltam comentários maldosos sobre a vida particular e profissional de seus ídolos desafetos. São bajuladores no *tête-à-tête* e maledicentes em seguida. Os invejosos não se apercebem do ridículo tão impulsivo e compulsivo de seu comportamento, prontamente analisado por seus interlocutores. Não há nada mais visível do que a inveja. Não há como escondê-la. Ela brota pelo brilho dos olhos, pelo sorriso pálido e postura de corpo do invejoso.

Os invejosos são, acima de tudo, infelizes. O tempo que desperdiçam na torturante comparação diuturna dos outros consigo mesmos, lhes é fatal. A energia que esbanjam no processo de saber do sucesso alheio para diminuí-lo é o vapor que lhes falta para crescer, para vencer. Não conseguem a necessária paz de espírito, tão indispensável à criatividade e à produtividade. Vivem a reboque daqueles a quem invejam e não conseguem uma única idéia que os possa levantar do letárgico sono do pecado capital.

A meu ver, os invejosos não são, necessariamente, maus. Com muito esforço, talvez, venceram na vida. Não venceram, porém, o sentimento de inferioridade que os brinquedos alheios, as namoradas alheias e o sucesso alheio lhes causava na infância e adolescência. Não amadureceram. Não conseguiram a maturação inerente à amizade sincera, desinteressada, que se alegra e se rejubila com o crescimento do amigo.

A DESCULPA

Com certeza você conhece pessoas que vivem dando desculpas por não terem feito alguma coisa que deveriam fazer. A situação se torna ridícula quando essas pessoas não se apercebem de que todos já sabem que elas vivem dando desculpas para as coisas e nunca fazem nada. Pensam que estão enganando todo o mundo... Suas desculpas são de todo tipo e espécie: **"Não tive tempo... Quando cheguei lá estava fechado... Não sabia que era para fazer desse jeito... Juro que eu fui e não tinha ninguém lá... Deixei pra passar amanhã que é mais folgado... Ouvi no rádio que ia chover e deixei pra amanhã... etc.". A lista seria infindável se fôssemos enumerar todas as desculpas que nos dão diariamente**. E os chefes que nos pedem relatórios **urgentes** e depois não os lêem? **"Vou ler neste final de semana em casa... Já li, mas não me lembro dos detalhes... etc."**

E as empresas, quando lhes solicitamos a "Assistência Técnica" prometida? **"Já mandamos para o nosso departamento técnico... Ontem mesmo vi seu aparelho sendo consertado... Faltou energia na fábrica justo nesse dia... etc."**

É inútil ficar enumerando os exemplos. Você os conhece muito bem e sabe como são avaliadas as pessoas e empresas que assim agem. E elas não se mancam, mesmo. Continuam dando desculpas. Até quando?

Gostaria de sugerir que você se analisasse e se perguntasse: ***Tenho o hábito de dar desculpas (para não dizer... mentir...) para as coisas que não fiz? Venho sempre com uma história "bem bolada" para me desculpar por não ter feito alguma coisa? Sou do tipo que vai deixando para depois e, quando vejo, estou "no mato sem cachorro" tendo que inventar uma desculpa?***

AS PROMESSAS NÃO CUMPRIDAS

Parece incrível, mas o que tem de gente que promete as coisas e não cumpre, não é brincadeira! E o mais absurdo é que essas pessoas não têm a coragem de dizer, de cara, que não irão fazer o que pedimos, ou mesmo o que é de sua obrigação. Elas dizem: **"Vou ver... acho que vai dar para eu fazer... vou fazer o possível... juro que vou tentar tudo o que eu puder... se for possível eu farei, com prazer... vou consultar a matriz... no que depender de mim, fique descansado... etc."**.

Na verdade, não fazem nada, nem tentam, nem mesmo tinham a intenção de fazer alguma coisa. Não estão nem aí com o cliente, com o colega de trabalho, com as outras pessoas. Dizem, automaticamente, frases consoladoras e pensam que somos todos idiotas e que acreditamos que irão realmente fazer alguma coisa. Não dá para agüentar!

Pessoas assim perdem, de pronto, a sua credibilidade. Todos já conhecemos o seu estilo manhoso e falso de prometer a solução de problemas. Já conhecemos a sua prática de passar os problemas para os outros e **"deixar que o tempo os resolva sozinho..."**. Pessoas assim – num mundo onde é exigido cada vez mais comprometimento e participação – estão fadadas ao fracasso, a empregos medíocres e a posições cada vez menos importantes. Não adianta falar com elas. Não adianta pedir nada a elas. Não adianta esperar nada delas. Elas nada fazem. Elas não são capazes de fazer ou de assumir sua incompetência.

Vamos pensar nisso:
Como está o nosso comprometimento em resolver problemas de clientes, colegas de trabalho, ou outras pessoas? Como está o nosso comprometimento em cumprir o que prometemos? Como andará a nossa credibilidade?

A ATENÇÃO AOS DETALHES

Visitei uma empresa dinâmica, com mais de 50% de participação de mercado, toda informatizada, frota excelentemente mantida, clientes satisfeitos. Após a visita, tivemos uma entrevista com o jovem presidente da empresa. Todas as perguntas que fazíamos tinham respostas imediatas. Ele realmente estava atento ao seu negócio, "por dentro", como diríamos. Quase no final da sessão, já impressionados com o sucesso desse empresário, fiz a ele a seguinte pergunta: **"Qual a principal razão de seu sucesso?"**. A resposta veio simples e em seguida: **"Procuro dar toda a atenção aos detalhes na administração de minhas empresas"**.

E o empresário completou sua resposta, explicando que os negócios todos eram simples em sua estrutura. O que o diferenciava dos concorrentes é que ele fazia as mesmas coisas simples que os outros concorrentes, mas **prestando atenção a todos os detalhes**. Assim, ele tem uma equipe especial para limpar os luminosos (néons) dos clientes. Um esquema de manutenção e limpeza da frota que não permita quebras, nem caminhões sujos. Um esquema de atendimento especial aos clientes em horários especiais e fins de semana etc. Até os cartazetes de loja e as faixas são feitos com esmero. **"Isso faz uma grande diferença"** dizia o presidente da empresa **"a maioria dos empresários não presta atenção aos detalhes e cai na vala comum de seus concorrentes."**

De fato, a **atenção aos detalhes** é fundamental para o sucesso empresarial. Somos enganados por uma sociedade do “macro”, do “total”, do “absoluto”, e nos esquecemos de que tudo, para ser perfeito, precisa ter perfeição nos **detalhes**. Basta prestarmos atenção para esta realidade: qualquer serviço ou produto que se diferencia de seus concorrentes, sempre o será por causa de alguns detalhes. Procure prestar atenção na sua empresa e veja como você poderia **diferenciar** seu serviço ou produto, cuidando mais de alguns detalhes. Analise cada passo da produção, da distribuição, do contato com o cliente, e veja se está sendo **detalhadamente** cuidadoso.

AOS QUE SÓ PENSAM EM SI

Nada é mais impeditivo para o sucesso de longo prazo do que a atitude de não prestar atenção às outras pessoas, às necessidades alheias. É incrível como há pessoas que só pensam em si mesmas, nos seus benefícios, nas suas vantagens e parecem não conseguir ver além do próprio umbigo. Quando elas querem alguma coisa, por mais absurda que possa parecer, não há razão que as faça desistir ou considerar outros pontos de vista. São pessoas egocêntricas, que não compreendem que sua maneira de agir afasta os outros. Não enxergando essa realidade, essas pessoas vivem de dar pequenos golpes, tirar pequenas vantagens, conseguir pequenos triunfos, aparentemente ganhando no varejo, mas certamente perdendo no atacado.

A verdade é que conviver com pessoas assim é um fardo muito pesado que não vale a pena ser carregado. Mais cedo ou mais tarde, elas ficarão isoladas, e serão tratadas com desdém. Que ninguém se iluda: pessoas que só pensam em si mesmas e querem levar pequenas vantagens, só perdem, no médio e longo prazo. E como não se sabe quando a vida acaba, o que vale é construir relações sociais para o longo prazo.

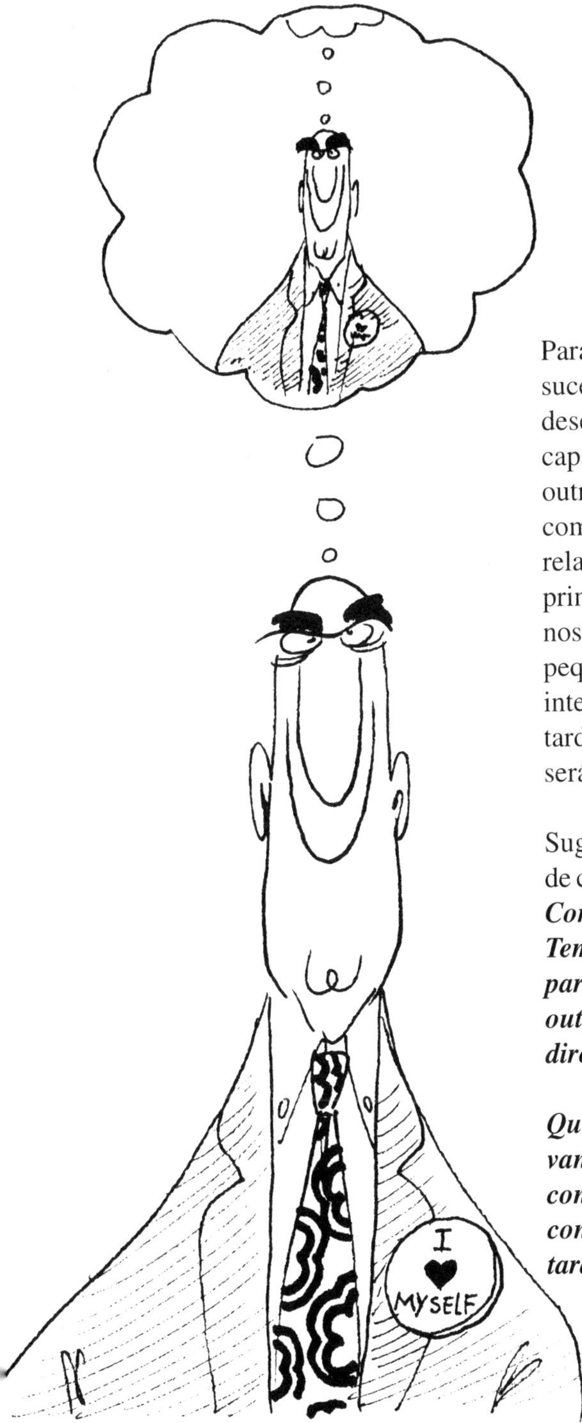

Para se viver em sociedade e obter sucesso duradouro é preciso desenvolver a **"empatia"**, ou seja, a capacidade de se colocar no lugar do outro, pensar como o outro, sentir como o outro. Isso vale para nossas relações familiares, no emprego e principalmente nas relações com nossos clientes e fornecedores. Tirar pequenas vantagens irrita o nosso interlocutor e, mais cedo ou mais tarde, receberemos o troco, que não será nada agradável.

Sugiro que façamos um sério exame de consciência.
Como anda a nossa empatia? Temos nos esforçado o bastante para nos colocar no lugar do outro? Pensamos só em nossos direitos?

Queremos sempre levar pequenas vantagens sobre os outros? Temos consciência de que isso se voltará contra nós, mais cedo ou mais tarde?

É SÓ FOFOCA!

É impressionante. Por mais *démodé* que seja, existe gente que parece ter como única profissão, trabalho e fé, o "fazer fofoca". Segundo definição conhecida, "fofoca" é falar de uma pessoa ausente. Falar dos outros parece ocupar a maior parte do tempo das pessoas. Não se discute arquitetura: fala-se da casa de fulano de tal. Não se discute moda: comenta-se o vestido da mulher de beltrano. Não se discute automobilismo: fala-se do carro de sicrano. Até quando será assim?

Os comentários são geralmente os mais candentes e carregados da mais pura inveja que possa existir. "Imagine que horror aquele vestido da Zuleika! Parece que não tem espelho na casa dela! Eu é que não saía com aquele trapo...", ou ainda, "Que moto mais cafona a do Chiquinho! O que é que ele quer com aquela moto mais careta...". E assim por diante. Desde o corte de cabelo, roupa, jeito de falar etc., tudo é motivo para falar do outro, e sempre mal. E quanto maior é a inveja, mais graves os impropérios.

A inveja, mãe de todos os vícios, faz com que não se perdoem os sucessos e os insucessos. Quando alguém consegue alguma coisa de importante, ou de bom, logo outro diz que aquilo foi "roubado", "copiado" etc. E quando, por algum motivo, alguém experimenta um insucesso, logo vem um comentário: "Eu sabia que ele não era capaz de nada...". E assim, de inveja e de ódio, há pessoas que preenchem as horas de seu dia.

Muitas dessas pessoas têm também um torturante sentimento de perseguição. Acham que tudo é contra elas! Em tudo vêem uma trama ardilosa contra si.

Assim, ao invés de cuidarem da própria vida, da própria sobrevivência e da de seus filhos e familiares, ficam tão ocupadas da vida alheia que acabam mesmo ficando para trás.

É SÓ FOFOCA!

Os “falantes da vida alheia” deveriam esquecer dos outros e cuidar da própria incompetência, da própria desgraça, da própria incapacidade de vencer, de conseguir um emprego melhor, de realizar alguma coisa de mais significativa para a sua sociedade, de ter um diploma, de ler, de estudar, de dormir menos e, principalmente, de fazer menos fofoca.

Essas pessoas perderam a noção de que falar mal dos outros, gratuitamente, como fazem, é vergonhoso e que todos os que as ouvem vêem, com toda clareza, a inveja brotar-lhes dos olhos e da boca. Montam verdadeiras trincheiras de guerra contra os outros, por pura inveja. Montam verdadeiras baterias de calúnias e difamações sem se aperceberem de que ninguém as acredita e que o descrédito fica com elas próprias. E com que sede essas pessoas querem saber os detalhes da vida alheia: o que comem, o que vestem, onde compram, quanto custou, como pagou, como conseguiu o dinheiro, onde foi, como foi e, principalmente, com quem foi!

É SÓ FOFOCA!

Todo invejoso e fofoqueiro ou invejosa e fofoqueira é um(a) carente afetivo(a). Precisa de afeto, quer atenção, quer ser respeitado(a) pelo que não tem. Daí o desdém tão comum e tão perceptível nos(as) fofoqueiros(as).

Até quando as pessoas serão assim? Até quando essas pessoas inseguras vão ficar se ocupando da vida alheia, levando e trazendo a maldade, a desconfiança, a cizânia?

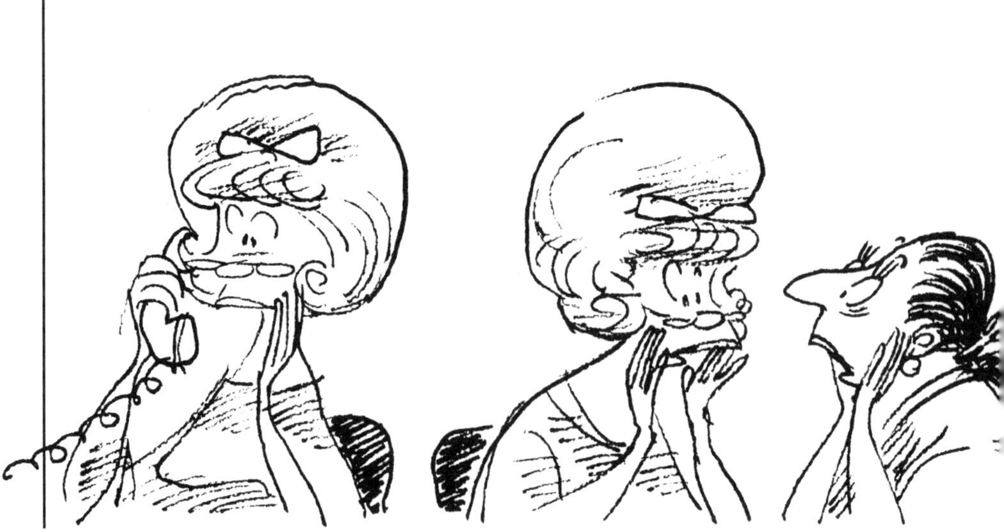

E como essas pessoas não fazem nada sem segundas intenções, o mesmo acreditam das outras. Sempre há que se descobrir um "porquê" escondido. "Ninguém faz nada de graça...", dizem esses profetas da malquerença e apóstolos da maldição. Sempre querem achar um "suborno" onde existiu apenas boa intenção. Sempre querem encontrar um motivo escuso onde só existiu dedicação. Sempre querem encontrar um erro proposital onde existiu somente uma distração. E instilando o veneno da inveja, fruto da própria incapacidade como nos ensinam até os pára-choques dos caminhões, vão semeando o ódio, a discórdia, a inimizade, e vão cavando a própria cova, com as próprias mãos, com a própria iniqüidade.

Mas, o sofrimento que os invejosos e fofoqueiros experimentam é maior que o próprio mal que causam, e mil vezes maior. Vêem os cargos que tanto almejaram ocupados por outros. Vêem as casas que tanto invejaram sendo habitadas por outros. Vêem os carros que tanto desejaram sendo usados por outros. Vêem as roupas que tanto quiseram sendo trajadas por outros. Vêem os dons que tanto quiseram ter sendo dados a outros. Vêem as dádivas que tanto pediram sendo ofertadas a outros. Vêem o sucesso que tanto e loucamente imploraram chegar aos outros sem esforço e sem maldade.
E isso os faz sofrer terrivelmente.
E os faz sentirem-se mal...
E os faz morrer da pior
morte que existe:
eles morrem de inveja...

CUIDADO COM A PRESUNÇÃO

O presunçoso é aquele que acha que sabe tudo. Nada mais tem a aprender. O presunçoso é aquele que não ouve, que se acha infalível e que humilha as outras pessoas com o seu ar de superioridade. Os presunçosos não sabem o papel ridículo que fazem ao emitirem opiniões como se fossem dogmas que não aceitam contradição, ao darem aquele sorriso irônico de desrespeito à opinião alheia. É horrível ter de conviver com essas pessoas.

Tenho encontrado chefes, supervisores, gerentes, diretores que são pessoas absolutamente insuportáveis pela sua presunção. Tenho encontrado empresários que se acham os maiorais, os mais certos, os mais "vivos", os mais "modernos", os mais "evoluídos" e que não passam de uns coitados a quem falta a humildade de enxergar o seu lugar. Ninguém mais suporta fazer negócio ou trabalhar com esse tipo de pessoa. Quando pensam que são os "tais", são, na verdade, ridicularizados por todos a todo momento.

Assim como pessoas, tenho visto **empresas presunçosas**. Empresas que se acham as melhores não se dispõem a ouvir seus clientes, por acreditarem-se totalmente certas, eternamente com a razão. Conheço empresas presunçosas que não querem enxergar o momento de mudar o seu produto, de alterar algumas características do que fabricam ou dos serviços que prestam, adequando-os à realidade. Acham-se sempre as melhores.

Empresas presunçosas acham que os consumidores é que não sabem que seus produtos e serviços são sempre os "melhores do mercado". Ficam embotadas nessa crença infeliz e presunçosa e nada fazem para acompanhar a evolução dos tempos com a necessária humildade de quem sabe que viver é mudar, é adaptar-se a novos tempos.

Gostaria que fizéssemos uma auto-análise:
Seremos nós, também, presunçosos? Somos pessoas capazes de ouvir, reconhecer e dar crédito às opiniões e sugestões alheias? Temos a necessária humildade para mudar quando é necessário? Ou somos presunçosos a ponto de achar que o mundo todo é que deve mudar, menos nós?
E como está a nossa empresa? Nós nos achamos os melhores? Nossos produtos e serviços são constantemente avaliados pelos nossos clientes e fornecedores? Temos a necessária humildade para ouvir críticas e agradecê-las quando são feitas?
Poucas coisas são mais graves para uma pessoa ou empresa do que a presunção. Pense nisso.

CALE A BOCA

"Quanto mais você explodir, mais
você explodirá e essa tendência
só aumentará, pois a explosão é um hábito e uma escolha."

Neil Clark Warren, em *Make Anger Your Ally*

Era só o que faltava! Logo agora que eu já estava me reeducando e aprendendo a ser maroto e malcriado com as pessoas, dizendo logo tudo que estou pensando, ofendendo logo de cara e soltando os cachorros em quem quer que seja, me aparece na revista "Time" uma página inteira sobre os mais atuais livros lançados nos Estados Unidos e as mais modernas teorias da psicologia americana, dizendo que **"pôr pra fora"**, xingar, explodir, **"descarregar"** a raiva nos outros, ao invés de engolir em seco e responder educadamente, não tem mais valor algum! Os livros **"Make Anger Your Ally"**, de Neil Clark Warren; **"Anger: The Misunderstood Emotion"**, de Carol Travis, e ainda outro, **"Love and Anger in Marriage"**, de David Mace, **todos aconselham a NÃO EXPLODIR, não manifestar raiva em nenhum sentido, nem mesmo lamentar**, quando as coisas não saem do jeito que a gente quer.

Todos esses livros vão frontalmente contra os outros famosos livros de George Bach ou de Theodore Rubin, advogados da arte de **não recolher** ressentimentos e de **explodir**, inclusive no casamento.
Totalmente contrários à corrente surgida nos anos 60, que dizia ser absolutamente necessária a livre manifestação dos sentimentos de raiva, os psicólogos, psiquiatras e mesmo psicanalistas, atuais estudiosos e cientistas, advogam o **"calar em todas as circunstâncias"**, dizendo ser esta a melhor solução para o homem, mesmo em termos biológicos e psicológicos. Assim, as velhas teorias de que **"guardar rancor"** dá úlcera ou problema no coração estão agora sendo jogadas por terra.

CALE A BOCA

Outros livros, igualmente famosos no mundo inteiro, que fazem uma completa análise das culturas orientais, têm demonstrado, também, o grande valor de **"calar a boca"** quando a vontade é **"soltar os cachorros"**. Estruturalistas afirmam que o hábito cultural de ***não ofender o outro*** é altamente positivo para o espírito e para o corpo. Afirmam, ainda, que é desprovida de qualquer fundamento a assertiva de que **"explodir"** faz bem.

E agora, José? Como é que eu fico?

Já pensou ter que ficar quieto e até sorrir (como aconselham) quando aquela chata da vizinha vem se intrometer na vida da gente?

Já pensou ter que ficar com ares de santidade quando um desses motoqueiros faz a gente atravessar a rua numa disparada ou quando o martelo desvia o curso que deveria ter tomado e cai solenemente sobre o nosso dedo? Ou quando a sogra... E quando a empregada...

E quando, enfim, você descobre que a filha da vizinha comeu o último bocado de quindim que você estava guardando para aquela visita chata que vem dali a dez minutos, e para quem você já tinha dito: **"Venha comer um pedacinho de quindim aqui em casa..."**.

Agora, o negócio é calar a boca!

Nunca mais falo grosso com ninguém! Podem me fazer o desaforo que quiserem e me verão sorrir, gargalhar de alívio e felicidade por terem me desaforado. Eu, hein? Eu é que não sou louco de pegar uma doença qualquer por ficar xingando os outros, ficando irritado e gritando com funcionários, motoristas etc. Podem me irritar à vontade. Vocês verão, serei como um mármore, frio.

Outro dia mesmo, cheguei em casa, depois de ter passado um dia de cão (desculpe, digo, de **anjo**), sem ter sequer almoçado, às 10 horas da noite, morto de fome, e perguntei à minha mulher: **"Tem alguma coisa para eu comer?"**. Ela respondeu: **"Não, o que sobrou do jantar dei para o cachorro. Pensei que você não viria. Não tem nada pra comer, nem na geladeira"**. Eu, de pijama (já eram dez e meia da noite) sorri feliz e satisfeito. Imaginei como o cachorro devia ter gostado do jantar. E, com um sorriso e ***não*** com um grito de raiva, deitei em minha doce cama... desmaiado!
"Cala-te boca!!"

ELIMINE O MEDO

A palavra "criatividade" vem sendo utilizada para tudo. Queremos ser criativos, ter filhos criativos. Dizemos querer ter uma empresa criativa e inovadora. Afinal, por que a criatividade e a inovação são tão necessárias hoje?

A verdade é que em tempos de extrema mudança e velocidade, como os que estamos vivendo, o passado já não nos ensina muito. É preciso fazer o presente e criar o futuro. O ambiente de mudanças aceleradas faz com que tenhamos que trabalhar com incertezas e instabilidade. Era fácil tomar decisões num ambiente de certezas e de previsibilidade. Hoje, não.

Daí o fato de que somente empresas inovadoras e criativas possam vencer no mercado de hoje. Empresas burocratizadas, inchadas, pesadas, geralmente forjam pessoas igualmente burocratas, pesadas e fechadas ao novo, à inovação.

E como fazer para transformar nossa empresa numa organização criativa e inovadora?

Em primeiro lugar é preciso **eliminar o medo no ambiente de trabalho**. Medo de falar, medo de agir, medo de questionar, são muito mais comuns do que podemos imaginar. Se as pessoas que compõem a empresa não se sentirem seguras para opinar, comentar, criticar e agir em benefício do cliente e do mercado, não poderá haver criatividade e muito menos inovação.

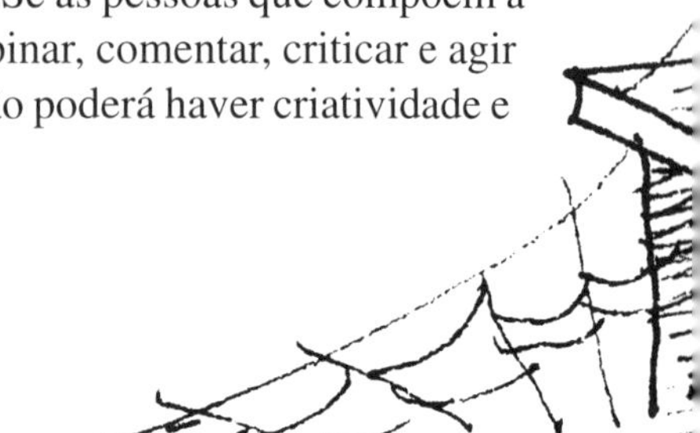

O medo é gerado por chefias autocráticas, ambientes demasiadamente formais e até pela falta de polidez no trato entre as pessoas da empresa.
Elimine o medo no ambiente de trabalho e você terá dado o maior passo para atingir a criatividade e a inovação.

Pense nisso.

ABAIXO A GROSSERIA E A FALTA DE EDUCAÇÃO!

Tenho encontrado muitas pessoas que primam pela grosseria e falta de educação. Até quando essas pessoas vão viver sem perceber o ridículo em que incorrem com a estupidez de seus maus modos? O mundo de hoje já é demasiadamente complicado; as mudanças são enormes; a tensão, grande pelo excesso de trabalho, e ainda temos que agüentar essas pessoas que não sabem como se comunicar civilizadamente, ter respeito pelos outros e trabalhar por um ambiente agradável. Até quando?

A vida em sociedade exige que todas as pessoas tenham um comportamento civilizado e cortês.

A vida moderna exige que tenhamos cuidado com a *forma* como construímos o nosso ambiente de trabalho. Não há desculpas para a grosseria ou falta de educação. **Falar alto demais; gritar; empurrar pessoas (mesmo "sem querer..."); tomar emprestado e não devolver; receber convites e não responder; sujar os sanitários e não limpar; tomar café e deixar a xícara suja ou o copinho sobre a mesa; não jogar o lixo no lixo; não recolocar as coisas no lugar de onde tirou; fumar e não limpar os cinzeiros ou fumar em locais proibidos e jogar a "bituca" no chão; não pedir licença e não dizer "muito obrigado" etc.** são comportamentos extremamente reprováveis, que ninguém mais suporta.

Gostaria que você se analisasse e sinceramente respondesse:

Como andam as suas boas maneiras, a sua educação, a sua cortesia e a sua contribuição para construir um ambiente de trabalho sadio e propício ao desenvolvimento do ser humano? Pense nisso.

Mude enquanto é tempo.
Do contrário, você vai acabar ficando só, isolado, pois ninguém mais suporta pessoas grossas e mal-educadas.

ACREDITE: AS PESSOAS RESPONDEM À FORMA COMO SÃO TRATADAS

O estruturalismo e o behaviorismo nos ensinam uma coisa muito importante: **as pessoas respondem à forma como são tratadas**.

Embora muitas pessoas não acreditem nisso, é importante sabermos que as pesquisas comportamentais têm comprovado, a cada dia, essa grande verdade.

Assim, uma pessoa que é tratada com cortesia, lhaneza, simpatia, atenção, tende a responder a esse tratamento com atenção, simpatia, lhaneza e cortesia. Uma pessoa que é tratada com desconfiança, brutalidade, desatenção, tende a responder a esse tratamento com os mesmos comportamentos.

ACREDITE: AS PESSOAS RESPONDEM À FORMA COMO SÃO TRATADAS

Não fosse por outros motivos, somente a comprovação científica do comportamento já bastaria para que pensássemos melhor em como nos relacionar com nossos clientes, funcionários, fornecedores, amigos, filhos etc. Funcionários tratados com desconfiança, excesso de controle e burocracia, tendem a responder a esse tratamento com o comportamento agressivo de tentar burlar os controles, travar pela burocracia o trâmite administrativo da empresa.

É incrível, mas o que acontece é que os chefes que adotam esse comportamento de desconfiança vêem comprovada a cada dia a necessidade de ter comportamentos cada vez mais agressivos, de desconfiança etc., criando o círculo vicioso de um comportamento negativo que se auto-justifica.

Se você tratar seu filho que tem problemas na escola, como uma pessoa "problema", você reforçará, a cada dia, esse comportamento problemático e ele responderá com comportamentos cada vez mais difíceis, tornando a situação quase insustentável para o bom relacionamento entre pais e filhos. **É provado que as pessoas emitem os comportamentos que são esperados delas e é por isso que temos que ter expectativas elevadas com relação às outras pessoas, nossos funcionários, por exemplo.** Há exemplos clássicos na literatura da psicologia experimental e da aprendizagem, que comprovam o que estamos dizendo. Alunos e funcionários que foram artificialmente classificados como de baixa capacidade de aprendizagem responderam a experimentos com índices abaixo do normal. Essas mesmas pessoas, quando previamente classificadas como acima da média, responderam com índices acima da média.

Gostaria que você pensasse sobre isso:

Aquele funcionário que você tem, em quem você não acredita, e que a cada dia piora o seu desempenho, será que ele não está tendo esse baixo desempenho devido às suas baixas expectativas com relação a ele?

Seu filho que está indo mal na escola, será que ele não tem esse baixo desempenho devido ao fato de saber que dele não se espera mais do que o fracasso? Seu cliente que é chato e exigente demais, será que ele não está respondendo a estímulos dados pela sua própria empresa, que o fazem ter esse comportamento?

Pense nisso.

BOAS MANEIRAS E EDUCAÇÃO: UM DOS SEGREDOS DO SUCESSO EMPRESARIAL?

Pode parecer piegas falar em *boas maneiras* e em *educação* (no sentido de cortesia) na empresa. Nem sempre estamos atentos a esses fatores e quase sempre pagamos caro por isso.

A Toyota do Japão sugeriu a seus concessionários que fizessem um grande esforço de treinamento de seus funcionários em *"boas maneiras e cortesia"*. **"A reação contrária dos funcionários foi muito grande"**, comenta um dos diretores da maior concessionária da Toyota do Japão. **"Os funcionários chegaram mesmo a sentirem-se ofendidos, quando lhes dissemos que teriam que passar por um treinamento de 'boas maneiras'."** Porém, a empresa decidiu dar continuidade ao projeto e hoje colhe os frutos de um dos maiores sucessos de vendas e atendimento, segundo seus próprios funcionários, que hoje reconhecem o valor da iniciativa.

"Boas maneiras" e "educação" são essenciais para o bom ambiente de trabalho. Não há quem consiga produzir com eficiência e eficácia num ambiente onde as pessoas se tratam mal, falam alto, dizem impropérios uns aos outros, trabalham de cara fechada e onde os clientes são tratados de qualquer maneira e mesmo rudemente. Do ponto de vista interno da empresa, os resultados de um esforço para aumentar as "boas maneiras" são espetaculares. Ensinar as pessoas a dizerem "Com licença", "Por favor" e "Obrigado" ajuda muito um ambiente de trabalho a tornar-se sadio. Da mesma forma, uma empresa onde as pessoas são educadas para dizer "Seja bem-vindo", "É um prazer recebê-lo em nossa empresa" etc., demonstra e consegue fazer uma grande diferença na cabeça de seus clientes.

BOAS MANEIRAS E EDUCAÇÃO: UM DOS SEGREDOS DO SUCESSO EMPRESARIAL?

Este é um tema complexo, porque as pessoas em geral acham-no irrelevante, sem a mínima importância mesmo. Porém, as maiores empresas do mundo de hoje estão preocupadas com essa questão e obtêm grandes resultados positivos por isso. Carl Sewell, autor do livro **"Clientes para Sempre"** (editora HARBRA, 1993), tem um capítulo com o seguinte título: "Sua mãe estava certa: boas maneiras são realmente importantes", onde o autor enfatiza, como no caso da Toyota, a importância das boas maneiras na empresa.

Minha sugestão é que você observe como as pessoas se tratam na sua empresa. O clima "interno" será, sem dúvida, o clima "externo", isto é, como sua empresa trata seus clientes. É muito raro ver um dirigente empresarial que trata seus funcionários com descortesia ter funcionários que tratem os clientes com cortesia. Um é fruto do outro. Inicie na sua empresa uma busca quieta, permanente, firme e continuada de boas maneiras e cortesia. Chame a atenção das pessoas, mas principalmente dê o exemplo tratando a todos, funcionários e clientes, com o maior respeito. Isso pode mudar o "clima" de sua empresa e levar todos a passarem a respeitar-se mutuamente, e, todos juntos, a tratarem os clientes com mais cortesia, fazendo-os voltar e querer voltar à sua empresa. Pense nisso.

OS PERIGOS DA GANÂNCIA

Ouvi uma palestra de um grande empresário, de muito sucesso, em que ele dizia que um dos maiores perigos do empresário e mesmo das pessoas comuns, funcionários em geral, começava com a letra **"G"** de **GANÂNCIA**. Dizia ele que nas observações que tem feito, é justamente a ganância o maior motivo da quebra, da queda, dos insucessos das maiores empresas do Brasil e do mundo.

Ganância é querer tudo para si. Ganância é querer "levar vantagem em tudo", como bem conhecemos na Lei de Gérson. Empresas gananciosas ganham a desconfiança e o descrédito dos clientes. Empregados gananciosos ganham a desconfiança e o descrédito de seus chefes e colegas. Pessoas gananciosas ganham a desconfiança e o descrédito de seus amigos, ficando sem eles, sozinhos, em sua gananciosa avidez de ganhar tudo, de vencer sempre, de sempre levar vantagem sobre alguém.

Pensando sobre o que esse empresário disse, fiquei observando essa grande verdade. De fato, a ganância é uma grande fonte de desgraça para pessoas e empresas. Não ter paciência para esperar ganhar um pouco hoje e um pouco amanhã, tem destruído grandes negócios e desfeito grandes amizades. Conheço diretores, gerentes e chefes gananciosos que querem levar vantagem sobre seus funcionários, dizendo-se os criadores, os mentores das inovações, na verdade criadas pelos seus subordinados. Conheço funcionários que mentem deslavadamente, no intuito de conseguir rapidamente um benefício que a verdade não lhes atribuiria.

Gostaria que você pensasse sobre a ganância:

Como somos nós? Será que não somos, no nosso dia-a-dia, pessoas gananciosas, querendo tudo já, sem nos preocuparmos com o ritmo que as coisas realmente devem ter? Será que sabemos esperar o momento exato de agir, de ganhar, de pedir, de conseguir as coisas?

Conheço empresas que trabalham com bônus individuais para seus funcionários e que têm criado pessoas gananciosas demais para trabalharem em grupos, em times que levem a empresa ao sucesso.

Como é sua empresa?
Como é você?

QUEM TEM MEDO DO BOM HUMOR?

O tema do Congresso Mundial de Recursos Humanos, realizado pela WFPMA – Federação Mundial das Associações de Administração de Pessoal – em São Francisco, nos EUA, em 1995, foi "Mapear o Mundo para o Século XXI". Os participantes ficaram literalmente impressionados com a importância dada ao tópico "Bom Humor no Ambiente de Trabalho".

O bom humor foi tido como essencial à produtividade e qualidade. Sem um clima bem-humorado, as pessoas não têm a disposição necessária para enfrentar os desafios de mudança que os anos 90 estão a nos apresentar. Vários temas abordaram de forma direta e indireta o bom humor e sua necessidade. Empresas "carrancudas", onde o mau humor domina, não conseguem criar o ambiente necessário à criatividade, à iniciativa, à autonomia, à ação. Empresas dominadas pelo mau humor são empresas que geralmente impedem que as pessoas tentem, experimentem, testem idéias novas. São empresas que não permitem o erro e, não admitindo o erro, não conseguem desenvolver a autoconfiança necessária para a simplicidade e velocidade de que tanto necessitamos para vencer os desafios da competitividade.

As empresas de hoje devem ser "leves", ter um ambiente gostoso de trabalho, permitir e estimular o trabalho em grupos (*teamwork*), permitir a conversa solta e criativa entre funcionários, a troca de idéias e experiências, a interdisciplinaridade. Há empresas fazendo com sucesso a "visita interdepartamentos", quando um departamento explica aos demais o que ele faz, o que ele tem de dificuldades, o que ele espera dos demais etc. Há empresas pomovendo "excursões" de pessoal de uma filial à outra, da matriz às filiais, das filiais à matriz, com o intuito de promover uma verdadeira "festa" dentro da empresa, para integrá-la melhor dentro de um espírito de criatividade, de conhecimento, de desenvolvimento de novas idéias.

Enfim, não há limites para tornar as empresas mais humanas e mais criativas. E o clima de **bom humor** permeia todas essas ações.

Gostaria que você pensasse sobre isso:
Como está o humor na sua empresa?
Bom humor não significa ausência de seriedade.

Aproveite esta semana para iniciar um projeto "sério", para permitir que o bom humor se estabeleça definitivamente em seu ambiente de trabalho. Você verá o quanto a sua empresa ganhará.

SABER OUVIR. SABER FALAR.

Chefes que não ouvem ficam embutidos na ignorância dos fatos e acontecimentos que ocorrem dentro de uma empresa, em seu setor ou departamento, e logo não encontrarão subordinados dispostos a lhes falar. Como sabemos que eles não ouvem, não iremos sequer perder nosso tempo em querer lhes contar como as coisas, de fato, estão indo em nosso trabalho. E como esses chefes não ouvem, não sabem de nada. Não sabendo da realidade das coisas, tomam decisões cada vez mais equivocadas. Entram no círculo vicioso da incompetência. Como tomam decisões erradas e são ridicularizados por seus subordinados, ficam irritados, nervosos, fecham-se em si mesmos cada vez mais e ouvem cada vez menos, errando ainda mais. Parece incrível, mas tenho visto muitos chefes, gerentes e diretores com esse triste perfil. E como eles não ouvem ninguém, é difícil lhes mostrar que estão totalmente fora da rota do sucesso.

Outra coisa que tenho visto, é chefe que não sabe se comunicar com seus subordinados. Um dos atributos essenciais do bom diretor, gerente e chefe é, também, saber falar. Não estou falando de fazer discursos em público. Isso também às vezes é muito necessário. Estou falando, sim, de dizer coisas certas, nas horas certas. Elogiar quando merecem elogios. Chamar a atenção quando necessário. Comunicar planos e projetos para que todos os seus subordinados saibam para onde a empresa, o departamento, o setor, estão indo, para que todos se sintam dentro de uma perspectiva de crescimento e ação empreendedora de sucesso.

Os chefes que não sabem ouvir, nem falar, são os que mais reclamam de seus subordinados, sem se aperceberem do fato de que estes apenas estão respondendo às atitudes e comportamentos da chefia. Sem um extremo cuidado com a comunicação, as pessoas não se comprometem e não se envolvem. Ficam alheias e cada vez mais distanciadas do mercado, dos clientes e da própria empresa.

Faça um exame de consciência sobre suas habilidades de comunicar-se com seus subordinados. Procure vencer suas deficiências no ouvir e no falar. Traga seus subordinados para mais próximo de você e da sua empresa, através de uma comunicação aberta, de um diálogo franco e motivador.

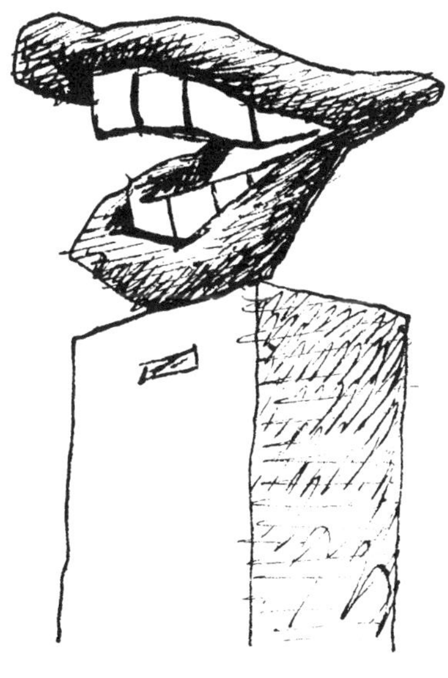

SAIBA RELAXAR

O mundo de hoje é extremamente tenso. A tensão leva à ansiedade. A ansiedade traz a tensão, num círculo vicioso dos mais graves para a saúde do executivo. Pessoas tensas, nervosas, não conseguem decidir bem. Têm a sua visão do mundo perturbada pela ansiedade e pelo medo do futuro. Pessoas tensas são quase sempre negativas, negadoras, e levam esse negativismo para toda a empresa, criando um clima desolador de fracasso. **É preciso saber relaxar**.

Há muitos cursos e livros que ensinam técnicas de relaxamento. Todas são válidas. O mundo de hoje exige que nos utilizemos dessas técnicas. A criatividade não pode ocorrer numa mente tensa.
A inovação exige paz, calma. Temos que aprender a reconhecer o valor de nosso subconsciente para podermos vencer os desafios da modernidade.

Tire férias. Exija que seu pessoal tire férias. Não permita nem a você mesmo, nem às pessoas que trabalham com você, que sejam "estouradas" de tanto trabalhar e não descansar, não relaxar. O que antigamente poderia ser uma virtude (trabalhar sem tirar férias, sem descansar) é hoje um crime. As pessoas pensam estar ganhando. As empresas pensam estar ganhando, mas, na verdade, todos perdem, num ambiente onde as pessoas vivem sobrecarregadas de serviço e tensão. Os problemas não passarão com a sua ansiedade. Eles só piorarão. A crise não passará porque você não tira férias há anos.

Pense nisso.

OS BEM-SUCEDIDOS

Os professores Martin Kilduff e David Day, da Universidade da Pensilvânia, fizeram um estudo para verificar o perfil das pessoas bem-sucedidas dentro das empresas.

Eles dividiram as pessoas em dois grandes grupos – o grupo dos "participativos" e o grupo dos "individualistas".

Chegaram à conclusão de que os "participativos" conseguem subir mais rapidamente na empresa, ou seja, são promovidos mais rapidamente.

Os "individualistas" – embora às vezes sejam necessários para levar um projeto adiante – não conseguem obter o mesmo resultado.
Eles pesquisaram 139 estudantes de Mestrado em Administração de Empresas (MBA) da Penn State e acompanharam suas carreiras durante cinco anos após saírem da universidade. Pessoas participativas, afirmam eles, "abastecem-se de sugestões de outras pessoas e estão em sintonia constante com os outros funcionários da empresa enquanto os 'individualistas' seguem suas próprias crenças e não prestam muita atenção à opinião alheia, criando tensão e ansiedade no ambiente de trabalho". Os "participativos" tornam o ambiente de trabalho mais agradável, o que não acontece com os "individualistas". Os pesquisadores concluíram que as pessoas "participativas" conseguem maiores promoções, tendo maior probabilidade de ocupar postos importantes da administração das grandes empresas.
Os "participativos", porém, dizem os pesquisadores, devem tomar cuidado para "não se envolverem demais com muitos subordinados aduladores e servis". Assim, uma empresa, para ter sucesso, precisa mesclar em seu time de funcionários pessoas "participativas" e "independentes ou individualistas", pois estas também poderão ter o seu valor quando grandes mudanças radicais forem feitas.
"Algumas vezes você precisa de alguém que diga o que você não quer ouvir e lhe fale a verdade", dizem os pesquisadores.
O ideal, diz a pesquisa, é ter-se pessoas "participativas" com bastante grau de independência e pensamento individual para atuar quando o clima se tornar excessivamente passivo e "agradável", o que nem sempre leva ao sucesso. Assim, quando você, gestor, diretor, administrador, gerente, perceber que sua equipe está muito "acomodada" e evitando atritos em prol da "participação harmônica", deve chamar a atenção de todos e fazê-los voltar à verdade de que nem sempre a "harmonia total" é um bem em si mesma.
Sugiro que você faça uma análise sua e de seu pessoal. ***São demasiado "intransigentes e individualistas"? São demasiado "harmônicos e participativos"?*** Lembre-se que nada substitui o bom senso e o equilíbrio. Para que uma empresa caminhe em direção ao sucesso nos dias de hoje, é preciso que todos tenham a visão clara e o equilíbrio entre a "harmonia" e a "tensão". E uma "tensão positiva" é sempre bem-vinda quando se quer que trabalhos inéditos sejam realizados.
Pense nisso.

QUEM É UM EMPREENDEDOR?

Li uma pesquisa feita nos EUA pelo Prof. John P. Goodman, das Universidades de South California e de Houston, sobre quais são as principais características de um "empreendedor". Aqui vão elas:

a. Boas idéias são comuns a muitas pessoas. A diferença está naqueles que conseguem **fazer as idéias transformarem-se em realidade**, isto é, implementar as idéias. A maioria das pessoas fica apenas na "boa idéia" e não passa para a ação. O empreendedor passa do pensamento à ação e faz as coisas acontecerem.

b. Todo empreendedor tem uma verdadeira **paixão** por aquilo que faz. "Paixão" faz a diferença.

c. O empreendedor é aquele que consegue "escolher" entre várias alternativas e não fica pensando no que deixou para trás. Sabe **ter foco** e fica "focado" no que quer.

d. O empreendedor tem profundo **conhecimento** daquilo que quer e daquilo que faz, e se esforça continuadamente para aumentar esse conhecimento sob todas as formas possíveis.

e. O empreendedor tem uma **tenacidade** incrível. Ele não desiste!

f. O empreendedor **acredita na sua própria capacidade**. Tem alto grau de autoconfiança.

g. O empreendedor não tem fracassos. Ele vê os "fracassos" como oportunidades de aprendizagem e segue em frente.

h. O empreendedor faz uso de sua imaginação. **Ele imagina-se sempre vencedor**.

i. O empreendedor tem sempre uma visão de vários "cenários" pela frente, **várias alternativas** para vencer.

j. O empreendedor **nunca se sente como uma "vítima"**. Ele não fica parado, reclamando das coisas e dos acontecimentos.

l. O empreendedor é alegre e confiante. Tem positivo senso de humor e **é capaz de rir** de si próprio nas ocasiões difíceis.

Pense nisso. ***Você tem essas características?Como é o seu pessoal? Você já pensou em criar programas para desenvolver no seu pessoal o necessário espírito empreendedor para enfrentar os desafios deste final de século?***

O EMPREENDEDOR DE SUCESSO

Um estudo realizado nos EUA definiu cinco características básicas para um empresário obter sucesso em seu negócio. São elas: **1.** um alto grau de energia; **2.** capacidade de pensar como um empreendedor; **3.** talento no relacionamento com pessoas; **4.** habilidade em comunicação; **5.** conhecimento técnico naquilo que faz.

Vamos analisar um pouco cada uma delas:

1. Um alto grau de energia. São pessoas que têm *comprometimento* e habilidade de conseguir que as coisas sejam feitas; *persistência*, para fazer as coisas até o seu final; energia física e mental; iniciativa, vigor e muita *força de vontade* para empurrar um projeto ou um sonho até o final.

2. Capacidade de pensar como um empreendedor. Para ter sucesso, o empresário deve inovar idéias e caminhos; explorar soluções não-ortodoxas; fazer comparações inteligentes, tirar conclusões sobre elas e usar a razão em termos práticos, teóricos e abstratos.

3. Talento no relacionamento com pessoas. Envolve a vontade e a disposição da pessoa em trabalhar com outras pessoas, aceitar comentários, rir e sorrir de situações mesmo quando as coisas vão mal. Esta parece ser a principal característica, diz o estudo.

4. Habilidade em comunicação. Envolve a habilidade de falar de forma clara, sem rodeios, sem rebuscamentos, e a habilidade de ouvir, realmente escutar as pessoas, absorver e entender o que as pessoas dizem. Escrever de forma clara e concisa e ter a capacidade de transmitir confiança para as pessoas com quem se comunica.

5. Conhecimento técnico naquilo que faz. Curiosamente a última da lista. Envolve a capacidade do executivo de obter e trabalhar as informações sobre o que faz, o que vem acontecendo em seu campo de atuação, quais as mudanças prováveis, e preparar-se para elas. Isto, é claro, requer vontade, estudo, dedicação.

Gostaria que você tomasse um pouco do seu tempo para fazer uma auto-análise do seu perfil como empreendedor. Nenhuma empresa, nenhum negócio pode prosperar sem uma atitude empreendedora do empresário, dos diretores, gerentes, supervisores. Desenvolver as habilidades de empreendedor é fator fundamental para o sucesso. Depois da auto-análise, sugiro que coloque num papel quais das cinco características você precisa desenvolver. Depois escreva o que pretende fazer para desenvolvê-las. Coloque o prazo para isso e defina os meios, a metodologia, as estratégias que você utilizará. Só assim, com muita *vontade* e *determinação*, o sucesso chegará.

Como diziam os mais velhos, o único lugar em que *sucesso* vem antes de *trabalho* é... no dicionário.

CUIDE DE SUA IMAGEM: A IMPORTÂNCIA DAS RELAÇÕES PÚBLICAS

Um dos fatores cada vez mais importantes para o sucesso empresarial e mesmo pessoal é a imagem que as outras pessoas e sua comunidade fazem de sua empresa e de você como profissional. Numa recente pesquisa feita pela Universidade de Harvard, foi detectado que **as empresas, e mesmo os profissionais, que não cuidam de sua imagem, são realmente malvistos pelos clientes e pelo mercado**. E isso tem reais conseqüências no mundo dos negócios.

Empresas que ficam fechadas em si mesmas, que não participam da comunidade onde estão inseridas, profissionais que se negam a participar dos esforços coletivos dentro e fora da empresa são a cada dia mais malvistos.

Quantos convites você e sua empresa recebem para participar de palestras, seminários, coquetéis etc.? A quantos você vai? Quantos convites você responde, agradece? Você participa da sua Associação de classe, de sua Federação? Você participa de clubes de serviço, de associações beneficentes? Ou você acha tudo isso besteira, e que quem participa quer somente "aparecer"?

A boa imagem do executivo, do empresário, da própria empresa, depende desse tipo de participação.

É preciso participar.
É preciso comparecer.
É preciso estar sempre atuante na sociedade e na comunidade onde vivemos.
Isso faz parte de nossa missão como executivos e empresários.

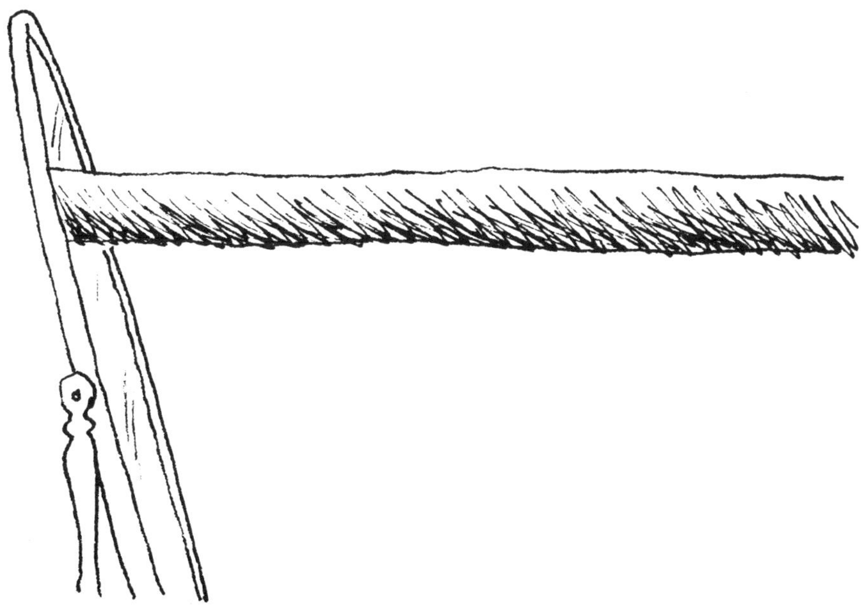

CUIDE DE SUA IMAGEM: A IMPORTÂNCIA DAS RELAÇÕES PÚBLICAS

Não é à toa que empresas importantes patrocinam eventos culturais, desportivos e beneficentes. Esse tipo de relações públicas mostra uma imagem agradável, menos predatória, mais amiga da empresa. E isso tem importância fundamental na hora em que o cliente opta por uma empresa para fazer seus negócios. Não é à toa que grandes empresários de sucesso são vistos prestigiando peças teatrais, eventos importantes de sua comunidade. Eles não fazem isso só porque não tinham o que fazer naquele dia. Eles comparecem porque sabem da importância da imagem da sua empresa e da sua própria imagem para o sucesso de seus negócios.

Gostaria de pedir a você que em primeiro lugar perdesse a vergonha de participar de sua comunidade.

Vá! Seja presente! Compareça!

Quando não puder atender a um convite pessoal, mande um representante de sua empresa. **Não deixe um convite sequer sem resposta ou agradecimento.** Não tenha medo de que fazendo isso as pessoas e instituições passarão a lhe pedir dinheiro, benefícios etc.

PARTICIPE DE SUA COMUNIDADE

Uma das condições principais de sucesso de uma empresa é a imagem que a empresa tem na comunidade em que atua. **Muitos empresários e empresas negligenciam sistematicamente esse ponto fundamental do sucesso empresarial.** Uma imagem positiva faz com que os funcionários se sintam orgulhosos de pertencer à empresa. Há toda uma relação de "boa vontade" da comunidade com relação à empresa, que traz benefícios incalculáveis. **Há inúmeros casos de empresas que tiveram problemas (involuntários) com seus próprios produtos ou serviços e que foram "salvas" por causa de uma imagem extremamente positiva que tinham na comunidade.** Da mesma forma há exemplos contrários – empresas que se sentiram "vingadas" pela comunidade na primeira chance que apareceu.

Há mil formas de ser ativo e participativo na comunidade. Seja através de ações filantrópicas, seja através de ações no campo cultural e outras.

Peça a opinião dos seus próprios funcionários a respeito de onde e como participar. Garanto que muitos funcionários já participam de várias instituições culturais, filantrópicas, clubes de serviço etc., e gostariam muito de ver a sua empresa participando mais da comunidade, sentindo-se orgulhosos de trabalharem numa empresa que se compromete com o social.

Procure, também, formas criativas de participar. **"Dar dinheiro" nem sempre é a melhor forma**. Oferecer suas instalações para reuniões comunitárias, imprimir material para grupos culturais, oferecer um anúncio nos jornais, condução em horas ociosas etc., podem ser formas criativas e muito úteis e até mais baratas para a própria empresa.

Pense nisso. Participe!

Comprometa-se com a sua comunidade. Você verá a diferença que isso fará para a imagem da sua empresa.

PRECISA-SE DE UM HERÓI!

"Ninguém joga papel no lixo e, se ninguém joga, não vou ser eu o único herói a jogar", disse-me um funcionário de uma empresa, quando lhe perguntei por que ele não tinha jogado o papel de seu sanduíche no lixo.

Temos um problema sério no Brasil. As pessoas têm vergonha de ser "certinhas". As pessoas são levadas pelo meio, pelos colegas e amigos, a fazer as coisas malfeitas, pela metade, com baixo comprometimento.

Temos vergonha de ser **"heróis"** e por isso acabamos vivendo em ambientes cada vez mais degradados e temos cada vez mais serviços de baixíssima qualidade. Parece mesmo que desenvolvemos uma cultura de que **"é errado fazer o certo"** – vão nos chamar de "puxa-saco, lambe-botas, maçaneta" etc.

Precisa-se de um herói. Estamos precisando de pessoas que façam bem-feito. Que se importem.
Que se comprometam com o certo, com o correto. Que tomem para si a responsabilidade de fazer.
Que se preocupem com a qualidade do que fazem e também com a qualidade do que os outros estão fazendo.

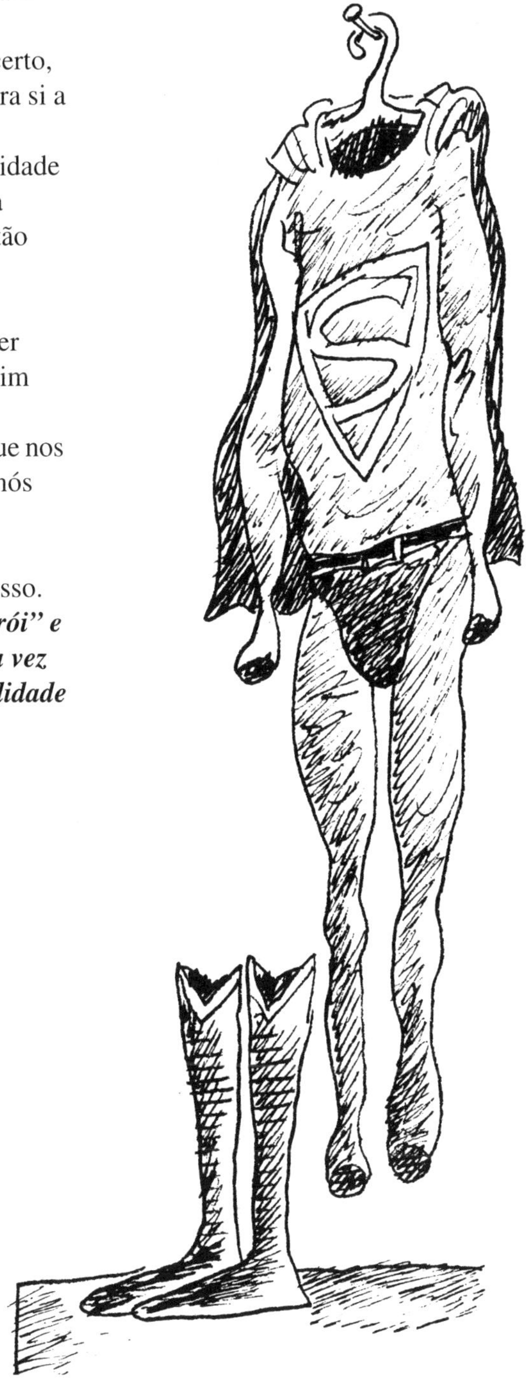

A atitude de ter vergonha de ser "herói" precisa acabar. Só assim sairemos deste verdadeiro subdesenvolvimento mental que nos tem atacado e feito tão mal a nós mesmos e ao próprio Brasil.

Gostaria que você pensasse nisso.
Perca a vergonha de ser "herói" e passe a comprometer-se cada vez mais com a melhoria da qualidade de vida de todos nós.

20 DICAS PARA O SUCESSO

Aqui vão "20 Dicas" para que você atinja o sucesso que tanto merece. Leia todas elas com muita atenção:

1. Elogie três pessoas por dia.

2. Tenha um aperto de mão firme.

3. Olhe as pessoas nos olhos.

4. Gaste menos do que ganha.

5. Saiba perdoar a si e aos outros.

6. Trate os outros como gostaria de ser tratado.

7. Faça novos amigos.

8. Saiba guardar segredos.

9. Não adie uma alegria.

10. Surpreenda aqueles que você ama com presentes inesperados.

11. Sorria.

12. Aceite sempre uma mão estendida.

13. Pague suas contas em dia.

14. Não reze para pedir coisas. Reze para agradecer e pedir sabedoria e coragem.

15. Dê às pessoas uma segunda chance.

16. Não tome nenhuma decisão quando estiver cansado ou nervoso.

17. Respeite todas as coisas vivas, especialmente as indefesas.

18. Dê o melhor de si no seu trabalho.

19. Seja humilde, principalmente nas vitórias.

20. Jamais prive uma pessoa de esperança. Pode ser que ela só tenha isso.

Pense nessas "20 Dicas".

AÇÃO E OMISSÃO

É sempre mais fácil não fazer.
É sempre mais fácil omitir-se diante da realidade.
É muito mais fácil não se meter.
É muito mais fácil economizar-se.
É sempre mais fácil fingir que não viu.
É sempre mais fácil dizer que não tem tempo.
É muito mais fácil negar-se a participar.
É sempre mais fácil recolher-se só no seu "canto".
É muito mais fácil criticar quem faz.
É sempre mais fácil achar erro nos que agem.
É muito mais fácil ser extremamente prudente.
É sempre mais fácil não errar, por não fazer.
É sempre mais fácil achar-se impotente.
É muito mais fácil considerar metido quem faz.
É muito mais fácil ser rígido, do que flexível.
É sempre mais fácil ser autoritário, do que democrata.
É muito mais fácil discutir com ignorantes.
É muito mais fácil fugir do que é novo.
É sempre mais fácil repetir velhas fórmulas.
É sempre mais fácil achar-se perseguido pelos outros.
É muito mais fácil tramar pelas costas.
É muito mais fácil não acreditar em ninguém.

É sempre mais fácil achar-se o dono da verdade.
É sempre mais fácil vestir a carapuça no outro.
É muito mais fácil ser falso, do que autêntico.
É muito mais fácil ser ateu, agnóstico, do que cristão.
É sempre mais fácil considerar puxa-saco quem faz.
É sempre mais fácil não pedir ajuda a ninguém.
É sempre mais fácil ser auto-suficiente do que reconhecer as limitações.
É sempre mais fácil exigir total fidelidade, do que ser fiel.
É sempre mais fácil esquecer de agradecer.
É sempre mais fácil ser mesquinho, do que dar.
É muito mais fácil dizer não, do que sim.
É muito mais fácil achar que os outros estão "abusando".
É muito mais fácil não admitir, do que compreender.
É sempre mais fácil cortar, do que atar, emendar, permitir.
É muito mais fácil achar os outros ignorantes, do que se analisar.
É muito mais fácil não se comprometer com o "social".
É sempre mais fácil querer tudo por escrito, para não se comprometer.
É sempre mais fácil sair limpo, do que sujar-se na ação.
É muito mais fácil só ter amigos.
É muito mais fácil ser morno.
É sempre mais fácil deixar-se corromper, do que denunciar.
É sempre mais fácil subornar, do que enfrentar.
É muito mais fácil ir devagar, do que depressa.
É muito mais fácil achar que "o mundo é assim mesmo".
É sempre mais fácil não confiar no ser humano, do que crer no Homem.
É sempre mais fácil desconfiar de todo o mundo.
É sempre mais fácil estar "bem" com todo o mundo.
É muito mais fácil dizer: "eu sou assim mesmo e não vou mudar".
É muito mais fácil achar perigoso, do que correr riscos.

É SEMPRE MAIS FÁCIL NÃO FAZER.

NÃO DEIXE PARA DEPOIS

Numa reunião de avaliação de funcionários, fiquei surpreso ao ver que os conceitos mais altos foram dados não aos mais "inteligentes" ou "preparados" ou mesmo aos mais "antigos" e mais "experientes", mas sim àqueles que **agiam prontamente**.

No comentário que fizemos, verificamos que um dos grandes defeitos das pessoas é **"deixar pra depois"**. Na verdade, pessoas que têm o hábito de deixar para depois, acabam se esquecendo das coisas e não fazendo o que deveriam fazer. São bem-intencionadas e até acreditam que "depois" farão. Porém, outras coisas aparecem e elas acabam não fazendo o que lhes foi solicitado.

Quando o número de solicitações é muito grande e é impossível fazer-se tudo imediatamente, é preciso que a pessoa tenha um **método** e **organização** para não deixar as coisas falharem. **Escrever** a solicitação num caderno (e não em pequenos papelinhos separados que se perdem facilmente) pode ser uma forma de garantir um bom acompanhamento das coisas a serem feitas. Em seguida, reler todas as solicitações feitas ao mesmo tempo e priorizá-las, perguntando ao solicitante o que deve ser feito em primeiro lugar, e partir imediatamente para a execução.

Parar de fazer um trabalho rotineiro para atender uma solicitação é um comportamento altamente valorizado por qualquer chefe. Às vezes, o erro do subordinado é querer terminar o que está fazendo para depois atender à solicitação extemporânea do chefe.

Gostaria de sugerir a você que verificasse:
Como se comporta diante de novas tarefas atribuídas pelo seu chefe? Faz imediatamente?
Não pergunte a seu chefe se aquilo é importante. Se não fosse, ele não pediria. Faça o mais rapidamente possível.

Converse com seu chefe sobre esse comportamento, para que ele diga o que pensa de você e qual a avaliação que ele faz de sua capacidade de não deixar para depois.

O HOMEM VAI LONGE DEPOIS DE ESTAR CANSADO

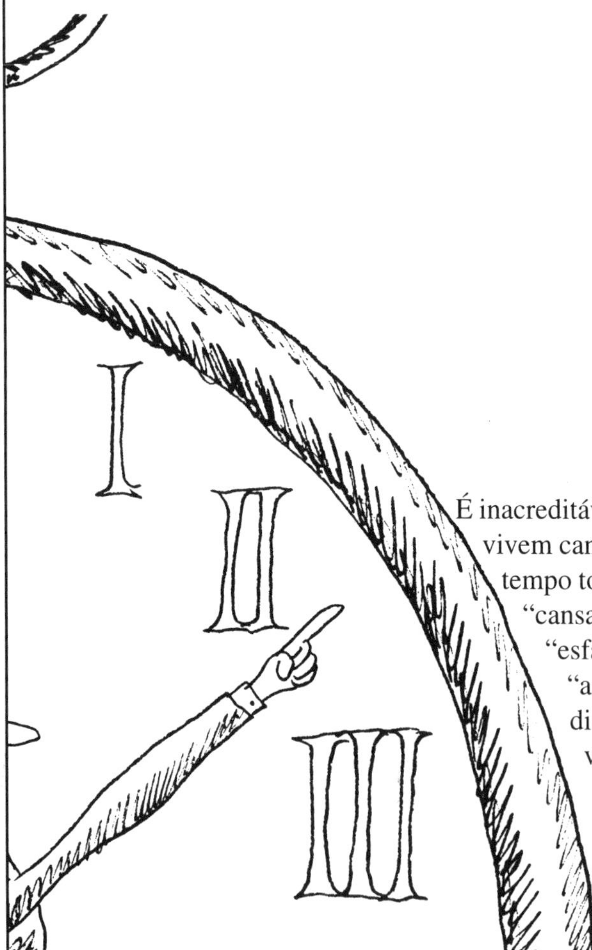

É inacreditável como há pessoas que vivem cansadas, reclamando o tempo todo dizendo-se "cansadas", "esgotadas", "esfalfadas", "arrebentadas...". Como dizia Lebret, "o homem vai longe depois de estar cansado".

Reclamar de cansaço é muitas vezes um vício amargo que vai tomando conta das pessoas que não se apercebem de que estão, na verdade, fazendo um papel ridículo de se acharem as pessoas mais ocupadas do mundo. O dia tem 24 horas para todas as pessoas. Mesmo o mais viciado em trabalho não terá um dia de 26 horas. As pessoas que reclamam muito de estarem ou viverem cansadas, na verdade, é porque não conseguiram priorizar o seu foco. É preciso ter foco para que organizemos o nosso tempo e para que não caiamos num estresse contínuo que nos fará pensar que somos as pessoas mais ocupadas do mundo e, como conseqüência, reclamar o tempo todo de um cansaço crônico que não deve existir em uma pessoa normal.

É preciso tomar muito cuidado com esses pequenos vícios de comunicação que nos fazem "reclamões". É preciso considerar que o tanque de combustível do ser humano tem uma reserva que tem o dobro do combustível do tanque original. É só abrirmos a torneira da "reserva" e encontraremos força necessária para fazer mais, para agir mais, para enfrentar novos desafios, para recomeçar as coisas, para ir além de onde imaginávamos ser o nosso limite máximo de ação.

Pessoas que se dizem "cansadas" começam a ser "economizadas" pelos seus superiores e colegas. Como elas vivem cansadas, nada se deve pedir a elas, pois com certeza não terão a necessária coragem e disposição para fazer. Vão ficando por fora das coisas. Vão sendo passadas para trás. Vão sendo descartadas como cartas fora do baralho.

Por favor, pense nisso.
Será que não estamos nos sentindo demasiadamente cansados e reclamando demais de um cansaço que, na verdade, está apenas dentro de nossa cabeça?
Cuidado! Lembre-se que "o homem vai longe depois de estar cansado".

SINTA CORAGEM E AVANCE

Quando se depara com algo novo e desconhecido, o homem tende a amedrontar-se ou sentir-se inseguro. Procure encarar tais fatos como chances para aumentar sua capacidade de auto-expressão e enfrente-os com coragem.

O desconhecido sempre nos traz medo e insegurança. Mas temos que olhar o novo como uma oportunidade de medir nossa capacidade de vencer obstáculos, de criar, de inovar. Há pessoas que ficam paralisadas, estagnadas, frente a uma situação nova. **E é justamente nessas situações que é preciso AGIR, e agir rapidamente**.

As empresas estão sentindo um aumento da competição. A concorrência vem sendo, a cada dia, mais acirrada. O ambiente todo está mudando. É o desconhecido que chega. São produtos importados. São novas formas de vender, de comprar, de fabricar, de atender clientes. Os clientes são mais exigentes. Tudo, enfim, parece novo. O que fazer?

"Sinta coragem e avance", dizem os especialistas em mudança. Não fique parado. Não se deixe estagnar. Enfrente. Hoje não é o maior quem vai vencer o menor e sim o mais rápido que vencerá o mais lento e quanto mais rápido você for na sua capacidade de adaptar-se às mudanças, maiores serão suas oportunidades de vencer.

Assim, crie coisas novas na sua empresa. Crie situações novas. Traga os clientes para dentro da sua empresa e ouça o que eles têm a lhe dizer. Mas faça isso! Convide clientes, visite-os em suas casas, agradeça a sua preferência, pergunte como você pode mudar, como sua empresa pode ser melhor, mais dinâmica, atendê-lo melhor em suas necessidades reais e concretas. Inove a cada dia na prestação de serviço, na forma de receber clientes, na forma de atendê-los, na maneira de servi-los. **"Sinta coragem e avance"** em direção ao sucesso, promovendo mudanças significativas na sua empresa, mudando tudo antes que a concorrência mude, lançando novos produtos e novas formas de servir, antes que a concorrência o faça. Acredite em você, na sua equipe, nas sugestões de seu pessoal. **"Sinta coragem e avance!"**

Pense nisso.

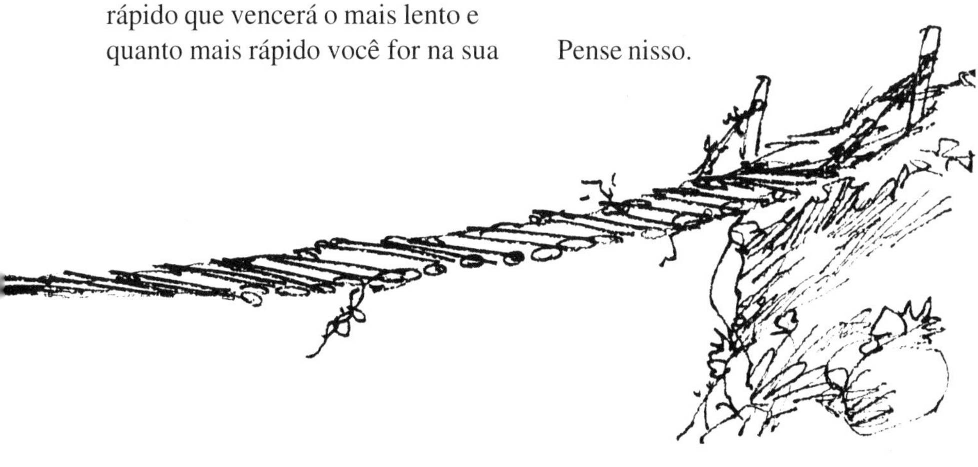

NÃO DESISTA

Há pessoas que ficam paralisadas frente a um erro ou fracasso. O que precisamos entender é que nunca podemos avaliar um erro, no momento em que ele ocorre, como sendo um fracasso definitivo. Muitas vezes, o que aparentemente foi um fracasso poderá ser exatamente a razão de um sucesso futuro. Poderemos, no mínimo, aprender com esse erro e não cometer mais um erro semelhante no futuro. Isso já é positivo. Fazer novamente, começar de novo, tentar várias vezes, é fundamental para o sucesso.

Analise as pessoas que venceram na vida, seja na vida empresarial, seja na carreira universitária, seja em qualquer campo. Elas não começaram só acertando. Elas não começaram com uma vida em mar de rosas. Elas erraram e erraram muito, mas tiveram a coragem de não ficar paralisadas frente a um fracasso momentâneo. Elas – como diz a música – levantaram, sacudiram a poeira e deram a volta por cima, e só assim venceram. Hoje, quando vemos alguém de sucesso, erroneamente pensamos que a vida foi fácil para ele. Achamos que a "sorte" lhe sorriu desde o início. Verifique mais a fundo e verá que isso não é verdade.

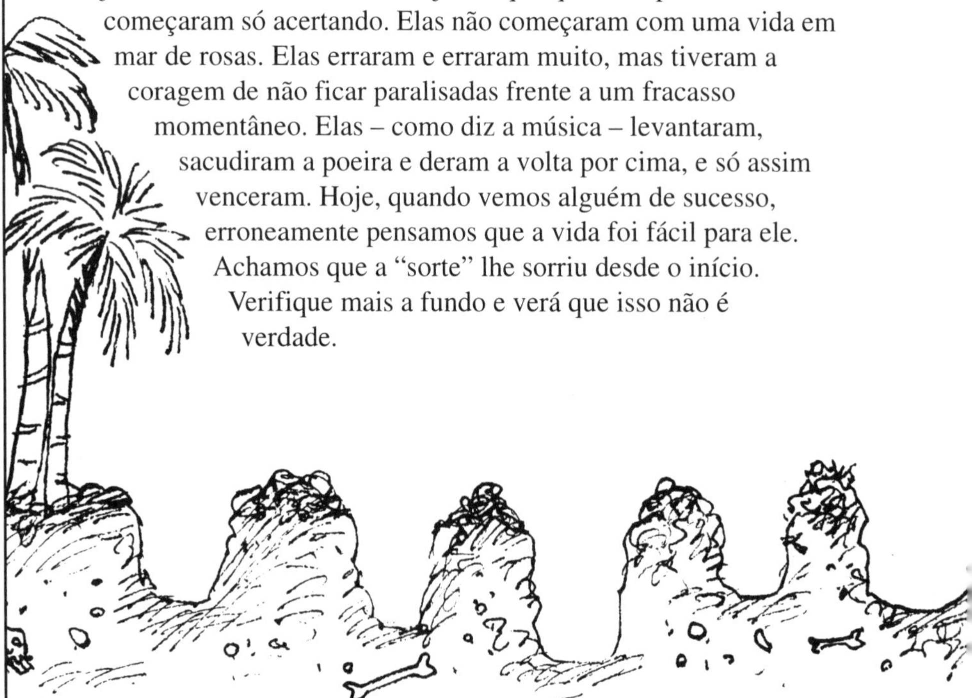

As pessoas de sucesso são sempre pessoas que tiveram a coragem de errar. Mas, principalmente, são pessoas que não ficam pensando no seu fracasso. Olham para a frente. Vão em frente. Fazem acontecer. Não desista. Faça outra vez, outra vez e outra vez até conseguir. A perseverança é fundamental nos dias de hoje e, na verdade, sempre foi um dos maiores ingredientes para se vencer na vida. Vejo que as nossas crianças não têm sido educadas para perseverar. Deixamos que nossos filhos desistam muito facilmente das coisas. Não os incentivamos a fazer novamente, a tentar novamente, a buscar novos caminhos. Ficamos lamentando o erro, ficamos com dó ou piedade deles ao invés de darmos força para que eles não desistam.

Um chefe, supervisor, gerente, diretor é alguém que deve permitir o erro e incentivar, reforçando positivamente o acerto de seus subordinados. Um chefe deve "dar poder" para que as pessoas refaçam o que erraram, para que as pessoas busquem o acerto, não desistam e acreditem em si mesmas. Chefiar, gerenciar, é desenvolver pessoas. Desenvolver pessoas é fazê-las confiar cada vez mais em si. Gerenciar é desenvolver a autoconfiança.

Gostaria que você pensasse sobre isso. ***Como está a sua força interior para não desistir frente aos erros e fracassos do cotidiano? Você faz de novo? Tenta novamente? Acredita que é capaz de vencer? Não desiste?***

NÃO CRIE MUITO CASO... FAÇA!

Estava numa reunião com empresários, diretores e gerentes de várias empresas, e um tema interessante veio à tona: falavam sobre as pessoas que "criam caso" com tudo o que lhes é solicitado.

Discutem, discutem, argumentam demais antes de fazer, antes de tentar, antes de pelo menos verificar a validade ou não da ação. Num grupo de trabalho, essas pessoas são horríveis, diziam eles. Nada fazem e tudo argumentam. São "contra" antes mesmo de conhecerem detalhes do que se está falando. Ninguém agüenta trabalhar com elas. Ninguém quer que elas participem de projetos ou grupos. É melhor não lhes solicitar nada, pois lá virão com argumentos *complicadores* e *dificultadores* para fazer ou deixar de fazer alguma coisa.

De duas, uma. Ou essas pessoas adotam esse comportamento para realmente ficarem fora das coisas – por agirem assim, ninguém vai lhes pedir nada e elas ficam folgadas e nada assumem – ou elas realmente não têm consciência de si mesmas, achando-se "críticas" e até mesmo "inteligentes" ou "questionadoras".

Os participantes dessa reunião deram dezenas de exemplos de pessoas com as quais não suportam trabalhar. "Elas vivem para encrencar com tudo e com todos", dizia um dos participantes. "A energia que essas pessoas demandam para convencê-las a fazer alguma coisa não compensa tê-las conosco", repetia outro.

Gostaria de sugerir que você se analisasse e visse se você não é desse tipo. Precisamos de pessoas proativas, energéticas, disponíveis, questionadoras (é claro), mas não "chatas" e desprovidas de bom senso. Ter que "convencer" alguém de tudo o que se quer fazer é exaustivo e impeditivo do sucesso.

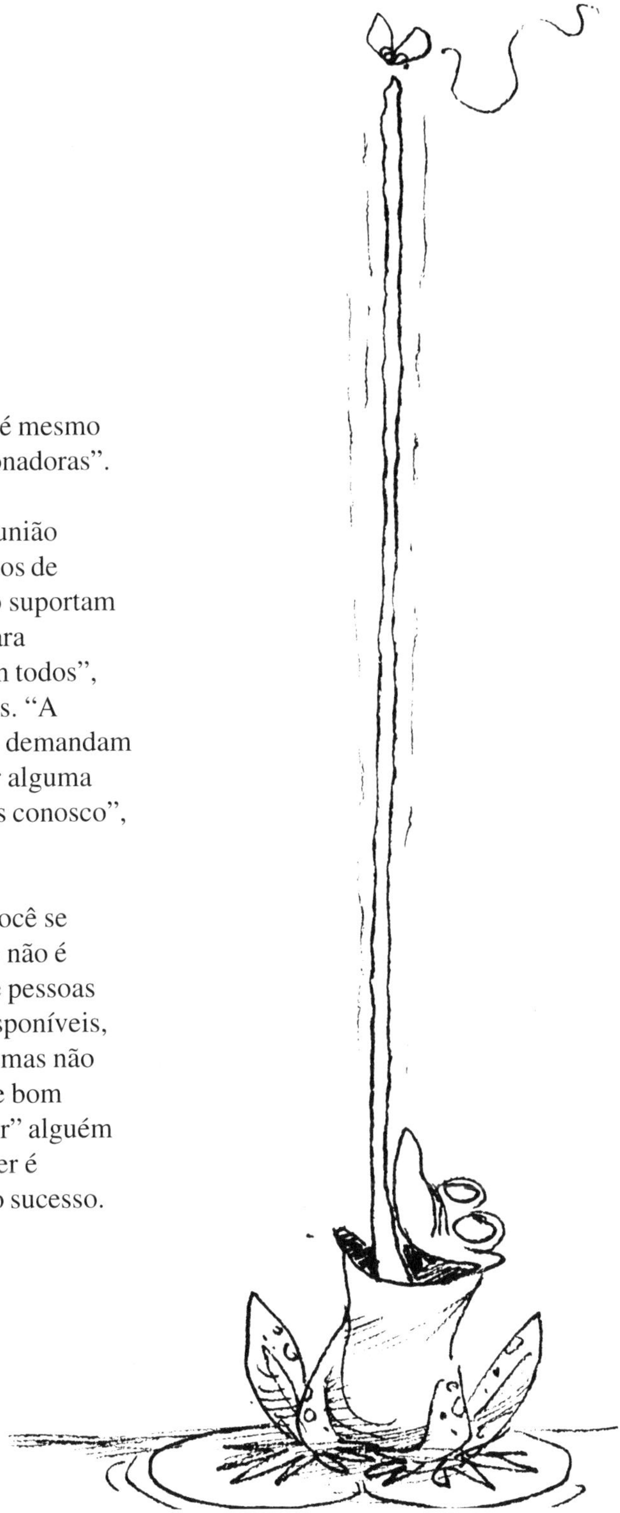

FAÇA!

Confesso que não agüento mais gente que fala, fala e não faz. Pessoas que reclamam de tudo. Nada está bom. Tudo seria melhor de outra maneira. "Metem o pau" em tudo. Fazer, que é bom, nem pensar. Elas enrolam, enrolam o tempo todo. Fingem que vão tomar alguma atitude. Ficamos até animados. Mas, nem pensar.... Fazer não é com essa gente.

O mundo de hoje, a rapidez com que as coisas acontecem, exige pessoas "proativas" que, vendo um problema, se disponham a enfrentá-lo, a aproveitar as oportunidades e a fazer as coisas acontecerem. Pessoas que ficam "patinando", que não decidem e, principalmente, que não fazem as coisas acontecerem, são pessoas fora do tempo, fora de moda.

Tenho participado de reuniões em empresas de vários tamanhos e tenho visto que em todas elas há as pessoas que fazem, decidem, erram, tentam, e pessoas que nada fazem. Falam muito. Criticam muito. Dão inúmeras sugestões, mas... não conte com elas. Elas não sabem passar do choro à ação. Decisões tomadas não são implementadas ou o são com uma lentidão de fazer inveja a qualquer tartaruga. Coisas importantes, que deveriam ser feitas com rapidez e presteza, quando chegam a ser feitas, já não são mais oportunas, perderam a vez, perderam o *momentum*.

Gostaria de sugerir que você pensasse sobre isso.
Como anda a sua "proatividade"? Você é daqueles que fazem ou dos que ficam esperando as coisas acontecerem? Na sua equipe há pessoas que só falam e pouco fazem? O que fazer com elas? Como conseguir que elas encarem a realidade de que "a única maneira de se ir até uma porta é indo"?
O mundo de hoje exige simplicidade e rapidez. Exige que as pessoas saiam do plano do choro e passem para o plano da ação. É preciso ter coragem para tomar decisões, para empreender, para fazer. É preciso ter coragem para correr riscos. Quem tiver a pretensão de não correr riscos, jamais sairá da inércia, jamais conquistará o mercado, jamais encantará o cliente, jamais terá sucesso.

Pense nisso.

FAÇA AGORA!

Não deixe nada para depois! Veja, em sua vida, quantas vezes você deixou alguma coisa para depois e a oportunidade passou. Quantas vezes você esperou demais e seu concorrente lançou o produto na sua frente? Quantas vezes você deixou de ir a um lugar e perdeu uma grande oportunidade de conhecer pessoas importantes para você e para o seu negócio? Quantas vezes você não fez uma coisa imediatamente e a idéia lhe fugiu da cabeça?

Faça agora! Lembre-se que, quando você tiver uma idéia boa, a mesma idéia, provavelmente, terá ocorrido em mil outras mentes ao mesmo tempo. Vencerá quem implementar primeiro a idéia. Quem sair na frente. Quem lançar primeiro o produto.

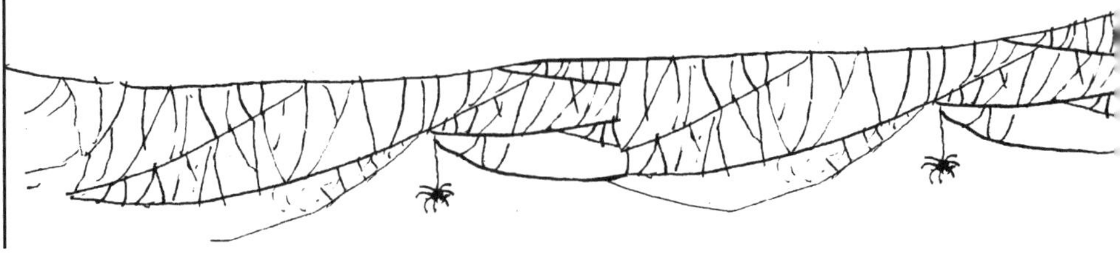

Se você perguntar o nome de uma cerveja em lata no Brasil, a grande maioria gritará "Skol!". Se você perguntar o nome de uma maionese, a maioria gritará "Hellmann's". Por quê? Simplesmente porque foram as primeiras. E estar na cabeça do consumidor na hora de fazer o pedido é mais do que meio caminho para a venda. O segundo ou o terceiro terão que fazer um esforço enorme para desalojar o primeiro da lembrança do consumidor e, muitas vezes, não conseguem.

Há pessoas que têm o péssimo hábito de deixar tudo para depois. Esperam, aguardam, pensam, pensam e quando decidem fazer... foi-se a oportunidade. Diz o ditado popular que **"quem não marca gol, leva"**.

Eis aqui uma grande verdade. Pessoas que deixam tudo para depois são pessimamente avaliadas por seus superiores e por seus subordinados. Conheço chefes que são odiados por seus funcionários porque não decidem com rapidez. Deixam para "ver depois", "decidir depois" e quase nunca decidem. Conheço funcionários que são igualmente odiados por seus chefes porque não fazem as coisas a tempo e a hora. Deixam para "quando forem fazer outra coisa para aproveitar o tempo" e quase nunca fazem o que lhes é pedido. Quando vão fazer, não interessa mais.

Gostaria que você pensasse sobre isso. ***Você tem muitas coisas atrasadas para serem feitas? Você tem o hábito de deixar para depois?*** Pense também na sua empresa. ***Ela atende os pedidos dos clientes, as reclamações, imediatamente? Ou vai deixando tudo para depois?***

ABAIXO A MEDIOCRIDADE

Nestes anos finais do século XX, a grande verdade é que **ninguém terá o direito de ser medíocre**.

Medíocre é a pessoa que pensa pequeno. Medíocre é aquele que se economiza. Medíocres são aquelas pessoas que não querem se envolver, se comprometer. São aqueles que só vêem crise e não oportunidades. Medíocre é aquele que não acredita em si mesmo e na sua capacidade de vencer obstáculos. Medíocres são aquelas pessoas que só falam de desgraças, de doenças, que ocupam seu tempo falando mal dos outros. Medíocre é aquele que só vê o erro, que só pensa em proibir, que tem medo do sucesso. Medíocres são os arrogantes, os que não aceitam críticas, são as pessoas que se deixam influenciar facilmente, os invejosos, os cansados, sem vontade, os sem energia. Medíocre, enfim, é aquele que coloca seu fracasso como culpa alheia.

O espaço dos medíocres está, a cada dia, mais limitado. O mundo de hoje é dos positivos, dos que fazem, dos que se comprometem, dos que se envolvem, dos que se "sujam" por uma causa justa. O mundo de hoje é dos que têm uma opinião. Daqueles que sabem que o sucesso depende muito mais de si mesmos e do seu esforço, do que da benevolência dos outros. O mundo de hoje é dos proativos, dos que vão à luta, dos que acreditam. O mundo de hoje é dos que têm disposição para mudar constantemente, dos que têm desejo de aprender, de crescer, de serem mais e melhor. O mundo de hoje, enfim, é dos que têm entusiasmo pelo que fazem e pela vida.

Gostaria que você se auto-analisasse: ***Como você mesmo se classifica?***

Abaixo a mediocridade!!

UM ÚLTIMO CONSELHO

Após a leitura deste livro, gostaria que você, sinceramente, se dispusesse a praticar todos ou pelo menos alguns dos conselhos e dicas que procuramos dar.

A grande verdade é que quase sempre, quando lemos um livro, o seu conteúdo fica apenas ao nível do cognitivo, não passando para a prática, para a ação. O importante não é só saber o que devemos fazer para vencer o medo de vencer. O importante é **vencer o medo de vencer** e isso exige treinamento, perseverança, autoconhecimento e autodisciplina. Fazer é mais importante do que apenas conhecer. Há pessoas que são capazes de dar receitas e mais receitas de sucesso, mas não as praticam, não as vivem no cotidiano. É preciso mudar nosso comportamento. É preciso investir tempo e dedicação nessa mudança.

Comece hoje. Comece agora. Não deixe para depois.

Este livro, depois de lido, por certo ficará numa estante ou será passado a alguém para que também o leia. Isso não basta. É preciso praticar, treinar, forçar a nossa evolução emocional, o nosso autocontrole e dominar a vontade. Faça a sua lista de coisas a vencer. Faça a sua lista de coisas a dominar em você mesmo. Faça semanalmente a sua lista de prioridades. Dê um sentido mais prático e realista à sua vida e você perderá o medo de vencer.

E, principalmente, aceite a mudança com muito entusiasmo. A palavra entusiasmo, como já dissemos, é de um significado imenso. É muito mais do que otimismo. É acreditar na sua capacidade de vencer os obstáculos e obter o sucesso que está à sua disposição, à sua espera. Entusiasmo vem de ***théos***, deus, em grego. Os gregos eram panteístas, acreditavam em muitos deuses e diziam-se entusiasmados quando tinham um deus dentro de si que os guiava, que os fazia vencer os obstáculos todos. É desse entusiasmo que nós precisamos. O otimista aguarda, até acredita, torce para que as coisas dêem certo. Essa, porém, é uma atitude reativa. O entusiasmado acredita na sua própria capacidade de vencer o medo de vencer. Tem uma atitude proativa.

Mude hoje. Mude já.

Vença o medo de vencer.

LM 089701

Esta é uma obra integrante do selo **HARBRA Business**, que qualifica livros especialmente selecionados na área de administração. **HARBRA Business** vai trazer até você trabalhos de grandes especialistas nos vários aspectos da administração e finanças nacionais e internacionais, além de apresentar as novas tendências, formuladas por autores inéditos.

Para receber maiores informações sobre **HARBRA Business**, preencha e destaque este cupom, enviando para a **editora HARBRA ltda.**, Rua Joaquim Távora, 629, São Paulo – SP – CEP 04015-001.

NOME: ____

ENDEREÇO: ____

____

CEP:______________ TELEFONE: (_____) ______________

EMPRESA ONDE TRABALHA: ____________________________

ENDEREÇO: ____

____

CEP: ______________ TELEFONE: (_____) ______________

CARGO: ____

ASSINALE SUAS ÁREAS DE INTERESSE:

- Marketing
- Finanças
- Administração
- Negócios
- Outros: ________________________

HARBRA Business é marca registrada de **editora HARBRA ltda.**